Villars disait souvent que ...

177. Villars disait souvent que les ...
irs les plus vifs qu'il eût ressenti dans sa vie,
vaient été le premier prix qu'il avait obtenu
au collége, et la première victoire qu'il avait
remporté sur l'ennemi.

178. L'adulateur, en prêtant aux grands les
qualités qui leur manquent, leur fait perdre
celles que leur a donné la nature.

179. Le hasard les ayant faits naître dans le
même mois, tous deux moururent presque
au même âge.

180. Ne faites rien qui ne soit digne des
maximes de vertu qu'on a tâchées de vous in-
spirer.

181. Combien d'ames timides cette ver-
tueuse princesse n'a-t-elle pas encouragé par
sa profession publique de dévotion, et par les
marques visibles de la miséricorde de Dieu sur
elle! Combien de fausses vertus n'a-t-elle pas
redressée par les règles qu'elle a prescrite à
la sienne! Combien de désordres n'a-t-elle pas
arrêté par la persuasion de son exemple!

182. De tous les spectacles que l'industrie

annees de ...

61. La bonté nous fait pardonner les ...
et compatir aux peines des autres.

62. Exerçant l'un sur l'autre un mutuel empire,
Par les même liens l'un et l'autre s'attire.

63. On a dit avec raison que la honte était un
mélange des chagrins et de la crainte que cause
l'infamie.

64. Il semble que de tout temps la vérité
a eu peur de se montrer aux hommes, ou
plutôt que les hommes ont eu peur de la
vérité.

65. Dieu, à dessein de faire comprendre à
l'homme combien il était honteux de s'attacher
trop fortement aux délices de ce monde, a
voulu que leur perte fût un supplice.

66. Sous le règne de Tarquin le Superbe,
la totalité des sénateurs furent massacrés ou
exilés.

67. Hérophile, philosophe grec, ainsi que
Descartes, plaçaient l'ame dans le centre du
cerveau.

68. Quelque soit le génie d'Euripide et

4

LEÇONS

D'ANALYSE GRAMMATICALE.

OUVRAGES DES MÊMES AUTEURS.

NOUVELLE GRAMMAIRE FRANÇAISE, sur un plan très-méthodique, avec de nombreux EXERCICES d'Orthographe, de Syntaxe et de Ponctuation, tirés de nos meilleurs auteurs, et distribués dans l'ordre des Règles; ouvrage mis au rang des livres classiques, adopté pour les Écoles militaires, quatorzième édition, 2 vol. in-12 qui se vendent séparément :

LA GRAMMAIRE....	1 fr.	50 c.
LES EXERCICES.....	1	50

CORRIGÉ DES EXERCICES, douzième Édition. 1 vol. in-12, 2 fr.

ABRÉGÉ DE LA GRAMMAIRE FRANÇAISE, ou extrait de la NOUVELLE GRAMMAIRE FRANÇAISE; cinquième Édition. 1 vol. in-12. Prix 90 c.

NOUVEAU DICTIONNAIRE DE LA LANGUE FRANÇAISE, enrichi d'exemples tirés des meilleurs écrivains des deux derniers siècles, avec la solution de toutes les difficultés que présente notre langue, etc. Seconde édition, considérablement augmentée. *Ouvrage mis au rang des livres classiques.* 1 vol. grand in-8°. Prix 8 fr.

LEÇONS D'ANALYSE LOGIQUE, seconde édition. 1 vol. in-12, 1 fr. 80 c.

TRAITÉ DES PARTICIPES, suivi d'Exercices sur le Participe passé. 1 vol. in-12, 2 fr.

CORRIGÉ DES EXERCICES SUR LE PARTICIPE. 1 vol. in-12.

Pour paraître incessamment :

TRAITÉ DE LA CONJUGAISON DES VERBES.

NOUVEAU COURS D'ÉTUDES, embrassant les Belles-Lettres, la Mythologie, l'Histoire, la Sphère, etc., etc.

Ces ouvrages se trouvent aussi chez M. CHAPSAL, *professeur de Grammaire, d'Histoire et de Géographie, rue de la Cerisaie, n°5, près de l'Arsenal.*

EBERHART, Imprimeur, rue du Foin-Saint-Jacques, n° 12.

LEÇONS

D'ANALYSE GRAMMATICALE

Contenant

1° DES PRÉCEPTES SUR L'ART D'ANALYSER;

2° DES EXERCICES ET DES SUJETS *D'ANALYSE GRAMMATICALE* GRADUÉS ET CALQUÉS SUR LES PRÉCEPTES;

Suivies

D'UN PROGRAMME DE QUESTIONS SUR LA SECONDE PARTIE DE LA NOUVELLE GRAMMAIRE FRANÇAISE,

PAR M. NOËL,

INSPECTEUR-GÉNÉRAL DE L'UNIVERSITÉ, CHEV. DE LA LÉGION D'HONN.

ET M. CHAPSAL,

PROFESSEUR DE GRAMMAIRE GÉNÉRALE.

TROISIÈME ÉDITION.

PARIS,

CHEZ { MAIRE-NYON, Libraire, quai Conti, n. 13.
ROBET, Libraire, rue Hautefeuille, n. 12.
DELALAIN, Libr. r. des Mathurins S.-J. n. 5.

1829.

PRÉFACE.

L'OUVRAGE que nous offrons au Public peut être considéré comme le complément de notre *Nouvelle Grammaire Française*, puisqu'il présente le développement et l'application des principes contenus dans la première partie de cette Grammaire.

Nous avons divisé les *Leçons d'Analyse Grammaticale* en deux parties, les *Préceptes* et leur *Application*, persuadés qu'il ne saurait y avoir d'instruction solide, sans l'accord constant de la théorie et de la pratique.

La première partie renferme un traité complet et méthodique d'Analyse Grammaticale. Elle embrasse la classification, la fonction des mots dans le discours, et la construction propre et figurée. Elle fournit le moyen d'analyser ces figures de construction désignées sous les noms d'inversion, d'ellipse et de pléonasme; et elle est terminée par un chapitre sur la nature, l'emploi et l'analyse des gallicismes, lorsque toutefois une trop grande irrégularité n'en rend pas l'analyse impossible.

La seconde partie se compose de cinquante-deux Exercices calqués sur les principes contenus dans la première partie, analysés avec une scrupuleuse attention, et présentant progressivement la réunion de toutes les difficultés qu'offre l'Analyse. A la suite de chaque Exercice, se trouve un texte d'Analyse portant sur les mêmes règles que l'Exercice précédent, et destiné à exercer l'Élève.

De cette manière, nos *Leçons d'Analyse Grammaticale* présentent une double utilité : elles fournissent au Maître une nombreuse série de devoirs préparés avec soin, et accompagnés d'explications propres à lever tous les doutes ; en même temps elles offrent à l'Elève un moyen assuré d'acquérir une connaissance approfondie de l'Analyse, soit par les préceptes, soit par l'exemple, soit enfin par l'application qu'il fait lui-même.

Nous avons placé à la fin de cet ouvrage un programme de questions sur la première partie de notre Nouvelle Grammaire Française. Ces questions sont destinées aux maîtres et aux maîtresses, auxquels elles offriront le moyen de s'assurer plus facilement du degré d'instruction de leurs disciples. Ces mêmes questions, dictées par quinze, vingt ou vingt-cinq à la fois, selon l'importance et la difficulté du sujet, peuvent devenir pour l'élève la matière de devoirs très-propres à accélérer ses progrès, en l'obligeant à se rendre compte de ce qu'il a appris, et à en faire un résumé exact et clair. Cette méthode est employée avec succès dans un grand nombre d'Institutions.

---

hommes, afin qu'il gouverne son Etat par leurs maximes.

le toit, et les ornements qui décoraient la ne

LEÇONS

D'ANALYSE GRAMMATICALE.

PREMIÈRE PARTIE.

PRÉCEPTES.

1. On appelle *proposition* l'énonciation d'un jugement. Quand je dis : *Dieu est juste*, j'énonce un jugement, car j'affirme que la qualité exprimée par l'adjectif *juste* convient à *Dieu ;* il y a là conséquemment une proposition. Dans une phrase, il y a autant de propositions qu'il y a de verbes à un mode personnel (*a*). Ainsi dans celle-ci : *La vie serait bien courte, si l'espérance n'en prolongeait la durée*, il y a deux verbes à un mode personnel, *serait* et *prolongeait ;* il y a deux propositions. Cette autre phrase : *L'envie fait le tourment de ceux qu'elle possède, et de ceux qu'elle attaque*, renferme trois verbes à un mode personnel, *fait, possède, attaque* ; elle contient trois propositions.

(*a*) Il y a quatre modes personnels : l'*indicatif*, le *conditionnel*, l'*impératif* et le *subjonctif*. Voy. notre *Gramm.* page 26.

2. Dire la nature et la fonction de chacun des mots qui entrent dans une proposition, c'est analyser grammaticalement cette proposition.

3. Ainsi *l'analyse grammaticale* n'est autre chose qu'une décomposition du discours dont l'objet est de faire connaître les éléments qui le composent, et le rôle qu'ils y jouent.

L'analyse grammaticale a conséquemment deux parties distinctes : la *classification* des mots, et la *fonction* qu'ils remplissent dans le discours.

DE LA CLASSIFICATION DES MOTS.

4. La *classification* a pour objet d'indiquer la nature et l'espèce de chaque mot. Indiquer la nature du mot, c'est dire ce qu'il est, ou substantif, ou adjectif, ou pronom, ou verbe, etc.; indiquer l'espèce du mot, c'est dire si le substantif, l'adjectif, ou le verbe, etc., dont il s'agit appartient à la classe des substantifs propres ou communs; à celle des adjectifs qualificatifs ou déterminatifs; à celle des pronoms personnels, ou possessifs, ou démonstratifs, etc. ; à celle des verbes actifs ou passifs, ou pronominaux, etc., etc. La classification fait connaître aussi les divers accidents qui affectent les mots, savoir :

1°. Pour les *substantifs*, l'*article* et les *adjectifs qualificatifs* ou *déterminatifs* : le genre et le nombre ;

2°. Pour les *pronoms* : le genre, le nombre et la personne ;

3°. Pour les *verbes* : le mode, le temps, la personne, le nombre et la conjugaison ;

4°. Pour le *participe passé* employé sans auxiliaire: le genre, le nombre et la conjugaison;

5°. Pour le *participe présent* : la conjugaison seulement, ce mot, invariable de sa nature, n'ayant ni genre ni nombre (*a*).

5. A l'égard de l'adverbe, de la préposition, de la conjonction et de l'interjection, ils n'admettent aucun des accidents indiqués ci-dessus, attendu que ces mots sont invariables de leur nature.

6. Il n'y a qu'une manière de classer les mots: c'est la nature même des mots qui l'indique, Ainsi tout mot qui exprime une substance, ou marque une qualité, ou désigne l'affirmation, etc., appartient à la classe des substantifs, ou des adjectifs, ou des verbes, etc. Cependant la classification n'est pas tellement fixe qu'un mot ne puisse accidentellement en avoir une autre. Par exemple, si je dis : *le* ROI *est chéri de son peuple*; le mot *roi* représente ici un être; c'est la destination qu'il a presque toujours dans notre langue; il appartient donc essentiellement à la classe des substantifs. Mais dans cette phrase : *il est* ROI, le mot *roi* ne représente plus un être; il est employé accidentellement pour marquer une qualité; il quitte la classification qui lui est propre, qui lui est essentielle, pour en prendre une *accidentelle*. De même, quand je dis : *le* BOIRE, *le* MANGER *coûtent* CHER, les verbes *boire*, *manger*, et l'adjectif *cher* ont une classification accidentelle : les deux premiers, celle de

(*a*) Le participe passé employé avec *avoir* ou *être* forme un temps composé; il admet alors tous les accidents du verbe.

substantif, et le dernier, celle d'*adverbe*. La plupart des mots de notre langue sont dans le cas d'admettre une classification accidentelle.

DE LA FONCTION DES MOTS DANS LE DISCOURS.

7. On entend par *fonction* d'un mot dans le discours le rôle qu'il y joue, l'office qu'il y remplit à l'égard des autres mots.

8. La *fonction* du substantif et du pronom est de figurer ou comme sujet, ou comme régime, ou comme attribut, ou en apostrophe.

9. Le substantif et le pronom figurent comme *sujets* quand ils font l'action marquée par le verbe. On reconnaît mécaniquement le sujet en faisant la question *qui est-ce qui? Votre ami est modeste ; nous l'estimons. Qui est-ce qui* est modeste? *votre ami. Qui est-ce qui* estime? *nous*. La réponse à ces questions fait connaître le sujet. *Votre ami* est donc le sujet du verbe *est*, et *nous*, celui du verbe *estimons*. Ainsi l'on dira, en faisant l'analyse :

Ami, substant. comm. masc. sing. suj. de *est*.
Nous, pron. pers. prem. pers. du masc. pl. suj. de *estimons*.

10. Le substantif et le pronom figurent comme *régimes* quand ils complètent l'idée commencée par un autre mot. Ainsi dans ces exemples : *La maison de votre frère, celle du mien, propre à la guerre, digne d'éloges, honorer Dieu, cultiver les lettres, parler à quelqu'un, travailler pour la gloire*, les mots *de votre frère, du mien, à la guerre, d'éloges, Dieu, les lettres, à quelqu'un, pour la gloire*, sont les régimes des mots *maison, celle, propre, digne*,

honorer, *chérir*, *travailler*, parce qu'ils en complètent la signification.

11. Il y a deux sortes de régimes : le régime *direct* et le régime *indirect*.

12. Le régime direct complète directement, c'est-à-dire, sans le secours d'une préposition, l'idée commencée par un autre mot. On le reconnaît mécaniquement en faisant la question *qui?* ou *quoi? J'honore Dieu.* J'honore *qui?* Dieu. *Dieu* est le régime direct de *j'honore*. *Je cultive les lettres.* Je cultive *quoi?* les lettres. *Les lettres* est le rég. dir. de *je cultive*.

13. Le régime indirect complète indirectement, c'est-à-dire, à l'aide d'une préposition (*a*), l'idée commencée par un autre mot. On le reconnaît mécaniquement en faisant la question *à qui? de qui? par qui? pour qui?* etc., pour les personnes ; et *à quoi? de quoi? par quoi? pour quoi?* etc., pour les choses. *La maison de votre frère.* La maison *de qui?* de votre frère. *De votre frère* est le régime indirect du substantif *maison*. *Digne de louanges.* Digne *de quoi?* de louanges ; *de louanges* régime indirect de l'adjectif *digne*. *Parler à quelqu'un.* Parler *à qui?* à quelqu'un ; *à quelqu'un* régime indirect du verbe *parler*. *Travailler pour la gloire.* Travailler *pour quoi?* pour la gloire ; *pour la gloire* régime indirect du verbe *travailler*.

14. Quatre sortes de mots sont susceptibles d'avoir

(*a*) Les prépositions usitées le plus fréquemment sont : *à*, *de*, *en*, *par*, *pour*, *dans*, *contre*, *sur*, *sous*, *vers*, *parmi*, *avec*, *auprès*, *chez*, *depuis*, *devant*, *avant*, *durant*, *entre*, *hors*, *pendant*, *sans*, *selon*, *après*.

un régime; ce sont : le *substantif*, le *pronom*, l'*adjectif* et le *verbe*.

15. Le *substantif* et le *pronom* ne peuvent avoir qu'un régime indirect. Ce régime est toujours exprimé par la préposition *de* suivie d'un substantif, ou d'un pronom, ou d'un infinitif. Exemples : *La maison de votre père; le jardin du mien; celui de votre mère; celui de la mienne; le désir de plaire, celui d'être estimé.* Dans ces exemples, *de votre père* est le régime du substantif *maison*; *du mien* régime du substantif *jardin*; *de votre mère*, régime du pronom *celui*; *de la mienne*, régime du pronom *celui*; *de plaire*, celui du substantif *désir*; *d'être estimé*, celui du pronom *celui*. Ainsi l'on dira en faisant l'analyse :

De, préposition.

Père, substantif commun masculin singulier, régime indirect de *maison*.

De, préposition.

La mienne, pronom possessif troisième personne du féminin singulier, régime indirect de *celui*.

De, préposition.

Plaire, verbe neutre au présent de l'infinitif quatrième conjugaison, régime indirect de *désir*.

16. *Remarque*. L'adverbe de quantité, comme *beaucoup*, *peu*, *guère*, *moins*, *plus*, *autant*, *trop*, etc., faisant l'office de substantif, est susceptible, comme celui-ci, d'avoir un régime indirect exprimé par un substantif ou un pronom précédé de la préposition *de* : *beaucoup d'esprit, bien des amis, peu du sien, moins de celui-ci*, exemples dans lesquels *d'esprit* est le régime de l'adverbe *peu*; *des amis* régime de l'adverbe *bien*; *du sien* régime de l'adverbe *peu*, etc. Ainsi l'on dira dans l'analyse :

Beaucoup, adverbe pris comme substantif masculin singulier.

De, préposition.

Esprit, substantif commun masculin singulier, régime indirect de *beaucoup*.

17. L'*adjectif* ne peut avoir également qu'un régime indirect. Ce régime est toujours exprimé par une des prépositions *à*, *de*, *en*, *dans*, *pour*, *contre*, suivie d'un substantif, ou d'un pronom, ou d'un infinitif : *utile à ses parents*, *digne des miens*, *habile dans la musique*, *agréable à voir*. Dans ces exemples, *à ses parents* est le régime de *utile*; *des miens*, le régime de *digne*; *dans la musique*, celui de *habile*; *à voir*, celui de *agréable*. On dira dans l'analyse :

Parents, substantif commun masculin pluriel, régime indirect de *utile*.

Les miens, pronom possessif troisième personne du masculin pluriel, régime indirect de *digne*.

Voir, verbe actif au présent de l'infinitif troisième conjugaison, régime indirect de *agréable*.

18. Parmi les *verbes*, il y en a qui admettent le régime direct; d'autres le régime direct et le régime indirect; et un grand nombre enfin le régime indirect seulement.

19. Les verbes actifs ou pris activement, les verbes accidentellement pronominaux formés d'un verbe actif, et les verbes essentiellement pronominaux, sont les seuls qui puissent avoir un régime direct. (Voyez notre *Nouvelle Grammaire*, page 23.)

20. Le régime direct et le régime indirect d'un verbe peuvent être exprimés par un substantif ou par un pronom : *Je crains les méchants, je les fuis ;*

nous pardonnons aux faiblesses humaines ; nous leur devons notre indulgence. On dira dans l'analyse :

Méchants, adjectif qualificatif masculin pluriel pris substantivement, régime direct de *crains.*

Les, pronom personnel troisième personne du masculin pluriel, régime direct de *fuis.*

Faiblesses, substantif commun féminin pluriel, régime indirect de *pardonnons.*

Leur, pronom personnel troisième personne du féminin pluriel, régime indirect de *devons.*

21. Certaines parties du discours, remplissant accidentellement la fonction du substantif, sont alors susceptibles de figurer comme sujet, comme régime direct et comme régime indirect ; ce sont : l'infinitif, l'adverbe de quantité, et quelquefois une proposition entière.

22. *Exemples où l'infinitif figure comme sujet :*

Etudier me plaît ; — errer est d'un mortel.

On dira dans l'analyse :

Etudier, verbe actif pris neutralement (*a*), au présent de l'infinitif, première conjugaison, sujet de *plaît.*

Errer, verbe neutre au présent de l'infinitif, première conjugaison, sujet de *est.*

23. *Exemples où l'adverbe de quantité figure comme sujet :*

Peu de nourriture me suffit ; beaucoup de bon sens est rare.

On dira dans l'analyse :

Peu, adverbe pris substantivement, sujet de *suffit.*

Beaucoup, adverbe pris substantivement, sujet de *est.*

(*a*) Un verbe actif est pris neutralement, quand son régime direct n' est pas exprimé.

24. *Exemple où une préposition figure comme sujet :*

Que vous craigniez la mort est fort naturel.

On dira dans l'analyse :

Est, verbe substantif au présent de l'indicatif troisième personne du singulier quatrième conjugaison. Son sujet est la proposition *que vous craigniez la mort* (*a*).

25. *Exemples où l'infinitif figure comme régime direct :*

Je veux écrire ; — je désire lire.

On dira dira dans l'analyse :

Écrire, verbe actif au présent de l'infinitif, quatrième conjugaison, régime direct de *je veux*.

Lire, verbe actif au présent de l'infinitif, quatrième conjugaison, régime direct de *je désire*.

26. *Exemples où l'adverbe de quantité figure comme régime direct :*

Il possède beaucoup d'amis ; — il a peu de fortune.

On dira dans l'analyse :

Beaucoup, adverbe pris subtantivement, régime direct de *possède*.

Peu, adverbe pris substantivement, régime direct de *a*.

27. *Exemples où une proposition figure comme régime direct :*

Les anciens croyaient que la terre est immobile. — Il me dit : rendez-moi ce service. — Un bon roi, répondit-il, est le père de son peuple.

On dira dans l'analyse :

Croyaient, verbe actif à l'imparfait de l'indicatif, troisième personne du pluriel, quatrième conjugaison. Son régime direct est la proposition : *que la terre est immobile* (*a*).

(*a*) Quand une proposition entière forme le sujet ou le régime direct, on ne fait mention de ce sujet ou de ce régime direct qu'au verbe qui a cette proposition pour sujet ou pour régime direct.

Dit, verbe actif au passé défini, troisième personne du singulier, quatrième conjugaison. Son régime direct est la proposition : *rendez-moi ce service.*

Répondit, verbe actif au passé défini, troisième personne du singulier, quatrième conjugaison. Son régime direct est la proposition : *un bon roi est le père de son peuple.*

28. *Exemples où l'adverbe de quantité figure comme régime indirect :*

Il vit à peu de frais ; — il donne à beaucoup de pauvres.

On dira dans l'analyse :

A, préposition.

Peu, adverbe pris substantivement, régime indirect de *vit.*

A, préposition.

Beaucoup, adverbe pris substantivement, régime indirect de *donne.*

29. *Exemples où l'infinitif figure comme régime indirect :*

Il tâche de réussir ; — il vient de partir.

On dira dans l'analyse :

De, préposition.

Réussir, verbe neutre au présent de l'infinitif, deuxième conjugaison, régime indirect de *tâche.*

De, préposition.

Partir, verbe neutre au présent de l'infinitif, deuxième conjugaison, régime indirect de *vient.*

30. Quelquefois la préposition n'annonce pas un régime indirect, et l'infinitif qui en est précédé peut figurer comme régime direct. On reconnaît que l'infinitif précédé d'une préposition est régime direct, quand il vient en réponse à la question *quoi?* faite sur un verbe actif ou formé d'un verbe actif. Exemples : *il cherche à nuire* ; *il craint de succomber* ; *il se propose de venir.* Il cherche *quoi?* à

nuire. Il craint *quoi?* de succomber. Il se propose *quoi?* de venir. Ainsi *à nuire* est le régime direct du verbe actif *il cherche*; *de succomber*, celui du verbe actif *il craint;* et *de venir*, le régime direct du verbe pronominal *il se propose*, formé du verbe actif *proposer*. Dans ce cas, la préposition dépose sa signification primitive, et n'est plus, pour ainsi dire, qu'un mot euphonique. On dira donc dans l'analyse :

A, préposition.

Nuire, verbe neutre au présent de l'infinitif, quatrième conjugaison, régime direct de *cherche*.

De, préposition.

Succomber, verbe neutre au présent de l'infinitif, première conjugaison, régime direct de *craint*.

De, préposition.

Venir, verbe neutre au présent de l'infinitif, deuxième conjugaison, régime direct de *se propose*.

31. Le substantif et le pronom figurent comme attributs, quand ils expriment la manière d'être du sujet; exemples :

La prudence est une vertu.

Servir sa patrie est un devoir.

Ce livre est le mien.

La vertu est ce que nous devons désirer.

On dira dans l'analyse :

Vertu, substantif commun fém. sing., attribut de *prudence*.

Devoir, substantif commun masc. sing., attribut de *servir*.

Le mien, pronom possessif troisième personne du masculin singulier, attribut de *livre*.

Ce, pronom démonstratif troisième personne du masculin singulier, attribut de *vertu*.

32. L'infinitif peut aussi figurer comme attribut. Exemple : *protéger les méchants est faire tort aux bons:* on dira dans l'analyse :

Faire, verbe actif au présent de l'infinitif, quatrième conjugaison, attribut de *protéger*.

33. L'infinitif peut encore figurer comme attribut du régime direct : c'est ce qui arrive quand il équivaut à un participe présent. Dans ces deux exemples : *j'ai vu mes élèves étudier, je les ai vus faire des progrès*, dont le sens est : *j'ai vu mes élèves étudiant, je les ai vus faisant des progrès*; *étudier* est l'attribut du régime direct *mes élèves*, et *faire* celui du régime direct *les*.

34. Le substantif et le pronom figurent comme apostrophe, quand ils représentent la personne ou la chose à laquelle on adresse la parole :

Paissez, *moutons*, paissez sans règle et sans science.
O vous que j'implore, venez à mon secours.

On dira dans l'analyse :

Moutons, substantif commun masculin pluriel, employé en *apostrophe*.

Vous, pronom personnel deuxième personne du masculin pluriel, employé en *apostrophe*.

35. *Remarque.* Parmi les pronoms, il n'y a que les pronoms personnels de la seconde personne qui puissent être employés en apostrophe.

36. La *fonction* de l'adjectif qualificatif, du participe présent, du participe passé employé sans auxiliaire, et de l'adverbe, est de qualifier le mot auquel ils se rapportent : *un homme* VERTUEUX ; *des soldats* COMBATTANT ; *les événements* ARRIVÉS ; *parler* ÉLOQUEMMENT. Ainsi l'on dira dans l'analyse :

Vertueux, adjectif qualificatif masculin singulier, qualifie *homme*.

Combattant, verbe actif au participe présent quatrième conjugaison, qualifie *soldats*.

Arrivés, verbe neutre au participe passé, première conjugaison, qualifie *évènements*.

Éloquemment, adverbe, modifie *parler*.

37. La *fonction* de l'article est d'annoncer que le substantif qu'il accompagne est pris dans un sens déterminé : Les *hommes qui ont de l'imagination manquent quelquefois de jugement.* Ainsi l'on dira dans l'analyse :

Les, article masc. plur., annonce que *hommes* est déterminé.

38. La *fonction* des adjectifs déterminatifs est de déterminer le substantif auquel ils sont joints : *voici deux livres ; cette histoire est intéressante ; vos élèves sont studieux.* Les adjectifs déterminatifs *deux*, *cette*, *vos* déterminent la signification des substantifs *livres*, *histoire*, *élèves*, en y ajoutant une idée secondaire ; le premier (*deux*), une idée de nombre ; le second (*cette*), une idée d'indication ; et le troisième (*vos*), une idée de possession. Ainsi l'on dira dans l'analyse :

Deux, adjectif numéral cardinal masc. plur. détermine *livres*.
Cette, adjectif démonstratif féminin sing., détermine *histoire*.
Vos, adjectif possessif masculin pluriel, détermine *élèves*.

39. La *fonction* du verbe est de marquer l'affirmation; mais cette fonction étant en quelque sorte effacée par les différentes idées accessoires de mode, de temps, etc., et principalement par l'idée d'action qu'ajoute au verbe le participe présent qui s'y trouve

combiné, comme dans *chanter*, *finir*, *recevoir* qui sont pour *être chantant*, *être finissant*, *être recevant* (Voy. notre *Nouvelle Grammaire*), il en résulte que, dans l'analyse, l'usage ordinaire est de ne point parler de la fonction du verbe. On se borne pour cette partie du discours à indiquer l'espèce du verbe (actif, passif, etc.), avec ses différents accidents, comme le temps, le mode, la personne, le nombre et la conjugaison. Ainsi l'on dira en faisant l'analyse de cette phrase : *nous étudions la grammaire* :

Étudions, verbe actif au présent de l'indicatif, première personne du pluriel, première conjugaison.

40. La *fonction* de la préposition est de marquer le rapport qu'il y a entre deux mots : *table* DE *marbre*, *fidèle* A *la gloire*, *travailler* AVEC *courage*. *De* marque le rapport qu'il y a entre *table* et *marbre* ; *à* celui qui existe entre *gloire* et *fidèle* ; et enfin *avec* celui qu'il y a entre *travailler* et *courage*.

On peut se dispenser d'énoncer la fonction de la préposition, attendu qu'on exprime en quelque sorte le rapport qu'elle établit entre deux mots, quand on indique que tel mot précédé d'une préposition est le régime de tel autre ; par exemple, que dans *table de marbre*, *de marbre* est le régime indirect de table. Ce serait presque un double emploi. On dira simplement dans l'analyse :

De, préposition;
Par, préposition.

41. La *fonction* de la conjonction est de lier entre eux deux membres de phrase : *Virgile composa l'Énéide*, LORSQUE *Auguste régnait*. Ici la conjonction

lorsque lie le membre de phrase *Virgile composa l'Énéide*, à celui-ci *Auguste régnait.*

42. La *fonction* de l'interjection est de marquer les mouvements subits de l'ame : *Ah! qu'il est doux d'avoir des amis!*

43. Pour simplifier le travail de l'analyse, et épargner des développements qui demandent beaucoup de temps, surtout lorsqu'on analyse par écrit, on se borne pour la conjonction et l'interjection, comme on l'a fait pour la préposition, à indiquer la nature de ces mots, sans parler de la fonction qu'ils ont dans le discours. Exemples :

Lorsque, conjonction.
Ah! interjection.

44. Un même mot ne saurait remplir en même temps deux fonctions ; c'est-à-dire, par exemple, qu'un substantif ou un pronom qui figure comme sujet ou comme régime, ne peut une seconde fois jouer, dans la phrase, le rôle de sujet ou de régime, ou tout autre rôle, à moins d'y être représenté par un pronom. Ainsi, dans cet exemple : *l'homme qui est riche a des amis*, quoique l'action exprimée par les verbes *être* et *avoir*, soit faite par le même individu, le substantif *homme* est seulement sujet du verbe *a*, et le pronom *qui*, son représentant, est le sujet du verbe *est*. De même dans cette phrase : *je lis les tragédies que Racine a composées*, le substantif *tragédies*, figurant comme régime du verbe *lire*, n'a plus d'autres fonctions à remplir, et l'action exprimée par le verbe *a composées* ne se

rattache à ce substantif que par le moyen du pronom *que*, qui le représente.

Pour compléter ce que nous venons de dire sur la fonction des mots dans le discours, nous allons entrer dans quelques détails sur la construction.

DE LA CONSTRUCTION.

45. La *construction* est l'arrangement des mots dans le discours, tel qu'il est fixé dans chaque langue par un usage long et constant.

46. Il y a deux sortes de constructions : la construction *grammaticale* et la construction *figurée*.

47. La construction *grammaticale* est celle où les mots sont placés dans l'ordre analytique de la pensée, sans aucune omission ni surabondance de mots. Or, l'ordre analytique de la pensée veut qu'on énonce en premier le mot principal de la pensée, qui est le sujet; puis ensuite les mots subordonnés, en plaçant immédiatement après le sujet ses modificatifs et ses régimes; ensuite le verbe, l'adverbe qui le modifie, et les régimes qui dépendent du verbe, en commençant par le régime direct. Exemples : *Le soldat courageux expose généreusement sa vie pour sa patrie. — Le roi de Macédoine défit complètement les Perses à la bataille d'Arbelle.*

48. La construction *figurée* est celle où l'on ne suit pas, dans l'arrangement des mots, l'ordre que nous venons d'indiquer, ou dans laquelle il y a omission ou surabondance de mots. Ainsi dans ces phrases : *Alors parut cette formidable armée. — La vertu est plus désirable que la fortune. — Je vous parlerai,*

moi ; la construction est figurée, 1° parce que dans la première les mots ne sont pas placés dans l'ordre analytique de la pensée : le sujet *armée*, qui devrait commencer la phrase est placé à la fin; l'adjectif *formidable*, qui devrait suivre le substantif le précède, et l'adverbe *alors*, au lieu de suivre immédiatement le verbe, est placé auparavant; 2° parce que dans la seconde phrase, il y a omission de plusieurs mots nécessaires à l'énonciation de la pensée; la construction pleine est celle-ci : *La vertu est plus désirable que la fortune* N'EST DÉSIRABLE; 3° parce que dans la troisième, il y a emploi de mots surabondants, car il suffit de dire : *je vous parlerai ;* MOI est inutile à l'énonciation de la pensée.

49. La construction peut être figurée ou par *inversion*, ou par *ellipse*, ou par *pléonasme*.

DE L'INVERSION.

50. *Inversion* signifie *renversement d'ordre ;* ainsi il y a inversion toutes les fois que les mots sont placés dans un ordre autre que celui qui constitue la construction grammaticale (47). Les principales inversions qui ont lieu dans notre langue sont

51. L'inversion du sujet : *Ainsi finit l'*EMPIRE *romain.*

52. L'inversion du régime direct : *Quelle* PROPOSITION *lui faites-vous ?*

53. L'inversion du régime indirect : AU ROI *appartient le droit de faire grâce.*

54. L'inversion du régime du sujet : DE LA VERTU *les charmes sont inexprimables.*

55. L'inversion du régime qui dépend d'un autre régime : D'UN BONHEUR *parfait on goûte rarement les douceurs.*

56. L'inversion de l'attribut : *Les plus grands* POÈTES TRAGIQUES *sont Corneille et Racine.*

57. L'inversion du régime de l'attribut : DES MÉCHANTS *on est souvent la victime.*

58. L'inversion du qualificatif, soit adjectif, soit participe présent ou passé : INCONSTANT *dans ses projets, l'homme parvient rarement au but.* — SAISISSANT *avec avidité l'apparence du bonheur, il en abandonne la réalité.* — LIVRÉ *à toutes ses passions, il s'écarte presque toujours du sentier de la raison.*

59. L'inversion du régime du qualificatif, adjectif ou participe : A TOUS LES COEURS *bien nés que la patrie est chère !* — A SE DÉCHIRER *les uns les autres les hommes sont-ils destinés ?*

60. L'inversion de l'adverbe : JAMAIS *la vertu n'est sans récompense.*

61. Lorsqu'il y a inversion dans une phrase dont on veut faire l'analyse, il faut, par la pensée, faire disparaître l'inversion, afin de mieux saisir le rapport des mots entre eux. Ainsi cette phrase : *Du plus grand des héros voilà ce qui nous reste*, doit être considérée comme s'il y avait : *voilà ce qui nous reste du plus grand des héros*. Par ce moyen on reconnaît aisément que le régime indirect *du plus grand des héros* dépend du verbe *reste*. Autrement on s'exposerait à donner à un mot une autre fonction que celle qu'il remplit réellement.

DE L'ELLIPSE.

62. *Ellipse* veut dire *omission ;* ainsi il y a ellipse toutes les fois qu'il y a retranchement d'un ou de plusieurs mots nécessaires à l'émission de la phrase. La phrase suivante est elliptique : *Les rois sont au-dessus des autres hommes, et Dieu, au-dessus des rois ;* il y a ellipse du verbe *est : et Dieu* EST *au-dessus des rois.* Il en est de même de cette phrase : *On voit les maux d'autrui d'un autre œil que les siens*, dont la construction pleine est : *On voit les maux d'autrui d'un autre œil qu'*ON NE VOIT *les siens ;* il y a conséquemment ellipse des mots *on ne voit.*

63. Lorsqu'une phrase est elliptique, il faut faire disparaître les ellipses qui s'y trouvent, en rétablissant, entre deux parenthèses, les mots sous-entendus. Ainsi le premier des deux exemples cités plus haut doit, pour qu'on puisse l'analyser, être ramené à la construction pleine : *Les rois sont au-dessus des autres hommes, et Dieu* (est) *au-dessus des rois.*

Nous allons faire connaître les principales circonstances où il y a ellipse, et, à cet effet, nous poserons quelques principes généraux, tirés en partie du Cours théorique et pratique de M. Lemare.

64. Point d'adjectif qualificatif ou déterminatif sans un substantif qu'il qualifie ou détermine :

Exemples :

1. *Le méchant est redouté* ; sous-ent. *homme :* l'(*homme*) méchant *est redouté.*

2. *Pour un qui s'en loue, dix mille s'en plaignent*; même ellipse : pour un (*homme*) qui s'en loue; dix mille (*hommes*) s'en plaignent.

3. *Joindre l'utile à l'agréable*; sous-ent. *chose*, *objet* : joindre la (*chose*) utile à la (*chose*) agréable.

4. *Le présent, le futur*; sous-ent. *temps* : le (*temps*) présent, le (*temps*) futur.

5. *La moitié du genre humain opprime l'autre*; sous-ent. *moitié* : opprime l'autre (*moitié*).

6. *L'amour-propre est le plus grand de tous les flatteurs*; sous-ent. *flatteur* : est le plus grand (*flatteur*) de tous les flatteurs.

7. *Vos grands et vos petits appartements*; sous-ent. *appartements* : vos grands (*appartements*) et vos petits appartements.

8. *Habit à la française*; sous-ent. *mode* : habit à la (*mode*) française.

9. *Attendez-vous à la pareille*; sous-ent. *chose* : attendez-vous à la pareille (*chose*).

10. *Devinez; je vous le donne en quatre*; sous-ent. *fois* : je vous le donne en quatre (*fois*).

65. *Remarque*. Dans ces exemples : *le méchant*, *le bon*, *le faible*, *l'utile*, *l'agréable*, *le présent*, *le futur*, *le passé*, et les analogues, on peut, ainsi que nous ferons dans les Exercices d'analyse, considérer les adjectifs *méchant*, *bon*, etc., etc., comme étant employés substantivement, et alors l'ellipse n'a plus lieu.

66. Point de pronom relatif sans un antécédent. Ainsi il y a ellipse dans les phrases suivantes :

1. *Qui fait des heureux, mérite de l'être*; sous-ent. *celui*, *l'homme* : (celui) *qui fait des heureux*, *mérite de l'être*.

2. *Ci-gît qui ne fut rien*; sous-ent. *un homme* : *ci-gît* (un homme) *qui ne fut rien*.

3. *Le bonheur appartient à qui fait des heureux*; sous-ent. *celui* : *le bonheur appartient à* (celui) *qui*, etc.

67. Point de sujet sans un verbe à un mode personnel. Ainsi il y a ellipse dans les phrases suivantes :

1. *Le cœur est pour Pyrrhus, et les vœux pour Oreste* ; sous-ent. *sont* : et les vœux (*sont*) pour Oreste.

2. *Ils s'estiment l'un l'autre*, sous-ent. *estime* : ils s'estiment, l'un (*estime*) l'autre.

3. *Il travaille autant que vous, plus que vous* ; sous-ent. *travaillez* : autant que vous (*travaillez*), plus que vous ne (*travaillez*).

4. *Il peint comme Apelle* ; sous-ent. *peint* : il peint comme Apelle (*peint*).

5. *Le roi, ainsi que ses ministres, veut la paix* ; sous-ent. *veulent la paix* : le roi veut la paix, ainsi que ses ministres (*veulent la paix*).

6. *Son mérite ou sa modestie charme* ; sous-ent. *charme* : son mérite (*charme*) ou sa modestie charme.

7. *Son courage, son intrépidité étonne* ; sous-ent. *étonne* : son courage (*étonne*), son intrépidité étonne.

8. *Votre intérêt, votre honneur, Dieu l'exige* ; sous-ent. *l'exige* : votre intérêt (*l'exige*), votre honneur (*l'exige*), Dieu l'exige.

9. *Les vieillards, les enfants, tout fut massacré* ; sous-ent. *furent massacrés* : les vieillards (*furent massacrés*), les enfants (*furent massacrés*), tout fut massacré.

68. *Remarque*. On voit, 1°. par le cinquième exemple que, quand les sujets sont unis par *ainsi que*, le verbe du second sujet est sous-entendu ; et la même chose a lieu pour les sujets unis par *comme, de même que, aussi bien que* ; 2°. par les quatre derniers exemples que, lorsque les sujets sont unis par la conjonction *ou*, ou sont synonymes, ou sont placés par gradation, ou, lorsque le dernier est une expression qui em-

brasse tout ce qui précède, comme *tout*, *rien*, *personne*, etc., le verbe est sous-entendu après chacun des sujets, excepté le dernier.

69. Point de régime direct sans un verbe actif; ainsi il y a ellipse dans les phrases suivantes :

1. *Que voulez-vous? Votre amitié*; sous-ent. *je veux* : (*je veux*) votre amitié.

2. *Il faut l'amuser comme un enfant*; sous-ent. *on amuse* : comme (*on amuse*) un enfant.

3. *Il aime autant la musique que la peinture*; sous-ent. *il aime* : autant que (*il aime*) la peinture.

4. *Que faire?* sous-ent. *voulez-vous* : que (*voulez-vous*) faire ?

70. Point de régime indirect sans un verbe, un participe, un adjectif ou un substantif précédent. Ainsi il y a ellipse dans les phrases suivantes :

1. *Serviteur, dit-il, et de courir*; sous-ent. *il se hâte* : et (*il se hâte*) de courir.

2. *Ainsi parla le loup, et flatteurs d'applaudir*; sous-ent. *s'empressèrent* : et flatteurs (*s'empressèrent*) d'applaudir.

3. *Socrate était d'une grande patience*; sous-ent. *doué* : Socrate était (*doué*) d'une grande patience.

4. *C'est pour vous*; sous-ent. *destiné* : c'est (*destiné*) pour vous.

5. *Il est à Paris*; sous-ent. *demeurant* : il est (*demeurant*) à Paris.

6. *La mort est le remède à bien des maux*; sous-ent. *propre* : la mort est le remède (*propre*) à bien des maux.

7. *C'est d'un roi de protéger les arts*; sous-ent. *le devoir* : c'est (*le devoir*) d'un roi, de protéger les arts.

8. *Réfléchir est d'un sage*; sous-ent. *le fait* : réfléchir est (*le fait*) d'un sage.

71. *Remarque*. On voit par ce qui précède que le verbe

être ne peut avoir aucune espèce de régime : ce qui vient après, sous la forme d'un régime direct, est l'attribut, et le régime indirect qui le suit dépend toujours d'un mot sous-entendu, participe, adjectif ou substantif.

72. Point de régime indirect sans une préposition précédente ; ainsi il y a ellipse dans les phrases suivantes :

1. *Je vais jouer*; sous-ent. *pour* : je vais *(pour)* jouer.
2. *Je viens lire* ; sous-ent. *pour* : je viens (*pour*) lire.
3. *Je cours travailler* ; sous-ent. *pour :* je cours (*pour*) travailler.
4. *Dans le trouble et le désordre*; sous-ent. *dans :* Dans le trouble et (*dans*) le désordre.
5. *La nuit, quel vacarme !* sous-ent. *pendant : (pendant)* la nuit, quel vacarme.
6. *Paris, rue Saint-Louis* ; sous-ent. *à*, *dans* : (*à*) Paris, (*dans*) la rue Saint-Louis.
7. *Je l'ai vu la veille de son départ*; sous-ent. *à* : je l'ai vu (*à*) la veille de son départ.
8. *Chapitre cinq*, *page six* ; sous-ent. *dans*, *à* : (*dans*) le chapitre cinq, (*à*) la page six.
9. *Partir la tristesse dans l'ame*; sous-ent. *avec* : partir *(avec)* la tristesse dans l'ame.
10. *S'avancer l'épée à la main* ; sous-ent. *avec* : *(avec)* l'épée à la main.
11. *Ceci posé, le reste s'explique* ; sous-ent. *après* : (*après*) ceci posé, le reste s'explique aisément.
12. *Les six années qu'il a vécu*; sous-ent. *pendant :* (*pendant*) lesquelles il a vécu.

Remarque. *Coûter*, *valoir*, *paraître*, *sembler*, étant des verbes neutres, ne sauraient, de même que *vivre*, avoir de rég. dir. ; et dans ces phrases : *les sommes qu'il a coûté*, *valu* ; *il paraît travailler*, *il semble étudier*, les mots *que*, *travailler*, *étudier* sont rég. indir. à cause d'une préposition non exprimée.

Dans les deux derniers exemples, on ne saurait indiquer quelle est la préposition sous-entendue devant l'infinitif.

73. Point de proposition sans un verbe à un mode personnel; ainsi il y a ellipse dans les phrases suivantes :

1. *Sire, justice;* sous-ent. *je demande* : Sire, (*je demande*) justice.

2. *Au fait;* sous-ent. *venez* : (*venez*) au fait.

3. *Quand viendrez-vous? Demain*; sous-ent. *je viendrai* : quand viendrez-vous? (*Je viendrai*) demain.

4. *Je t'aimais inconstant, qu'eussé-je fait, fidèle?* sous-ent. *si tu eusses été* : qu'eussé-je fait, (*si tu eusses été*) fidèle?

5. *Point d'argent, point de Suisse*; sous-ent. *quand il n'y a pas; il n'y a*: (*quand il n'y a*) point d'argent, (*il n'y a*) point de Suisse.

DU PLÉONASME.

74. *Pléonasme* veut dire *surabondance;* ainsi il y a pléonasme, lorsque la phrase renferme un ou plusieurs mots inutiles à la construction, mais nécessaires pour rendre le sens plus clair ou plus énergique. Quand on dit : *j'irai moi-même; il t'a vu toi-même; moi-même, toi-même* sont des pléonasmes; ils n'ont pas dans la phrase de fonctions qui leur soient propres, car *moi-même* est la répétition du sujet *je*, et *toi-même*, celle du régime *te;* mais ils servent à affirmer davantage ce qu'on dit.

75. Le pléonasme peut se rapporter ou au sujet, ou au régime, ou à l'attribut; conséquemment il peut figurer ou comme sujet, ou comme régime, ou comme attribut répété. De là l'importance de reconnaître la fonction du pléonasme dans une phrase, afin de pouvoir l'indiquer dans l'analyse. Quelques

exemples applicables à tous les cas où le pléonasme est employé comme sujet, comme régime et comme attribut, serviront de guides pour toutes les phrases analogues.

76. *Exemples de pléonasmes figurant comme Sujets :*

Je vous le dis, moi.

Je, sujet; *moi*, sujet répété par pléonasme.

Moi, je pourrais l'abandonner!

Je, sujet; *moi*, sujet répété par pléonasme.

Moi qui suis son ami, je le trahirais!

Je, sujet; *moi*, sujet répété par pléonasme.

Vous et moi, nous sommes contents.

Nous, sujet; *vous et moi*, sujet répété par pléonasme.

Tu te trompes, toi.

Tu, sujet; *toi*, sujet répété par pléonasme.

Toi, tu te flattes trop.

Tu, sujet; *toi*, sujet répété par pléonasme.

Toi, qui lui dois le respect, tu l'offenserais!

Tu, sujet; *toi*, sujet répété par pléonasme.

Toi et lui, vous réussirez.

Vous, sujet; *toi et lui*, sujet répété par pléonasme

Il vous estime, lui.

Il, sujet; *lui*, sujet répété par pléonasme.

Lui, il vous plaint.

Il, sujet; *lui*, sujet répété par pléonasme.

Eux qui vous aiment, ils ne vous flattent pas.

Ils, sujet; *eux*, sujet répété par pléonasme.

Lui et elle, ils vous craignent.

Ils, sujet; *lui et elle*, sujet répété par pléonasme.

Boire, manger, dormir, c'est leur occupation.

Boire, manger, dormir, sujet; *ce*, sujet répété par pléonasme.

Se plaire en tous les lieux, c'est le secret du sage.

Se plaire, sujet; *ce*, sujet répété par pléonasme.

77. *Exemples de pléonasmes figurant comme régimes directs :*

Voudriez-vous me perdre, moi, votre allié?

Me, régime direct; *moi*, régime direct répété par pléonasme.

Nous qui sommes vos amis, vous nous oubliez.

Le second *nous*, régime direct; le premier *nous*, régime direct répété par pléonasme.

Vous et moi, il nous soupçonne.

Nous, régime direct; *vous et moi*, régime direct répété par pléonasme.

Vous, il vous méprise.

Le second *vous*, régime direct; le premier *vous*, régime direct répété par pléonasme.

Vous qui êtes si bon, il vous craint.

Le second *vous*, régime direct; le premier *vous*, régime direct répété par pléonasme.

Il les protégera, eux et leurs amis.

Les, régime direct; *eux et leurs amis*, régime direct répété par pléonasme.

Lui qui vous chérit, vous ne le ménagez pas.

Le, régime direct; *lui*, régime direct répété par pléonasme.

Je la crois, elle qui dit toujours la vérité.

La, régime direct ; *elle*, régime direct répété par pléonasme.

78. *Exemples de pléonasmes figurant comme régimes indirects :*

Que m'a fait, à moi, cette Troie où je cours ?

Me, régime indirect ; *à moi*, régime indirect répété par pléonasme.

Que t'importe, à toi, l'opinion des autres ?

Te, régime indirect ; *à toi*, régime indirect répété par pléonasme.

Il ose nous dire des injures, à nous ses bienfaiteurs.

Nous, régime indirect ; *à nous*, régime indirect répété par pléonasme.

Que vous font à vous les calomnies ?

Vous, régime indirect ; *à vous*, régime indirect répété par pléonasme.

Que lui a-t-on dit à lui ?

Lui, régime indirect ; *à lui*, régime indirect répété par pléonasme.

Que lui avez-vous répondu à elle ?

Lui, régime indirect ; *à elle*, régime indirect répété par pléonasme.

79. *Exemples de pléonasmes figurant comme attributs :*

Le signe de la corruption des mœurs, c'est la multiplicité des lois.

La multiplicité, sujet ; *le signe*, attribut ; *ce*, attribut répété par pléonasme.

Les plus célèbres nations, ce sont les Grecs et les Romains.

Grecs et *Romains*, sujet; *nations*, attribut; *ce*, attribut répété par pléonasme.

Ce que j'admire, c'est la vertu.

La vertu, sujet; le premier *ce*, attribut; le second *ce*, attribut répété par pléonasme.

Ce qui m'attache à la vie, c'est mon fils.

Mon fils, sujet; le premier *ce*, attribut; le second *ce*, attribut répété par pléonasme.

DES GALLICISMES.

80. Quoique toutes les langues paraissent construites sur un plan uniforme dans leurs parties essentielles, elles présentent cependant, dans l'emploi des mots, et dans la manière de les arranger, des différences qui, s'écartant des règles communes à toutes, distinguent une langue de toutes les autres. Ces différences qu'on désigne sous le nom général d'*idiotismes*, prennent un nom particulier, lorsqu'on veut caractériser les idiotismes propres à une langue particulière : ce nom est analogue à celui de cette langue. Ainsi les idiotismes de la langue latine se nomment *latinismes ;* ceux de la langue anglaise, *anglicismes ;* et ceux de la langue française, *gallicismes.* Ces derniers se désignaient autrefois sous le nom de *francismes.*

81. Le *gallicisme* n'est donc autre chose qu'une façon de s'exprimer exclusivement propre à notre langue.

82. Les gallicismes sont de deux sortes :

83. Les *gallicismes* de mots, qui consistent dans le sens des mots, c'est-à-dire, dans une acception bi-

zarre, éloignée du sens primitif et naturel des mots. Tels sont les gallicismes suivants : *se fâcher* HONNÊTEMENT, pour dire *se fâcher excessivement.* — *Avoir pour vingt pistoles un cheval* RAISONNABLE, pour signifier *un cheval assez bon.* — *Un homme de* CONDITION, pour un *gentilhomme.* — *Un* BON *homme,* pour un *homme sans capacité.* — S'OUBLIER, pour *oublier ce qu'on est.* — *Une histoire* EN L'AIR, pour *une histoire dénuée de fondement.* — *Se mettre en* QUATRE, pour *faire tous ses efforts.* — *Il* VIENT *de partir,* pour signifier un passé peu éloigné. — *Il* VA *partir,* pour marquer un futur prochain, etc., etc. Ces sortes de gallicismes ne présentent pas de difficulté dans leur analyse, attendu que les mots y suivent, dans leur construction, les règles ordinaires de la Syntaxe.

84. Les *gallicismes de construction*, qui consistent dans la manière dont les mots sont construits. Ces gallicismes sont faciles à reconnaître, en ce qu'ils présentent des irrégularités contre les règles de la Syntaxe. Un exemple va rendre ceci sensible : le verbe *vouloir* est actif, et comme tel veut un régime direct : *il veut un livre, il veut chanter.* Si au lieu d'un régime direct, on donne à ce verbe un régime indirect, le pronom *en*, par exemple, on construit le verbe *vouloir* contrairement aux règles de la Grammaire; et cette irrégularité, passée en usage, forme un gallicisme. Ainsi *en vouloir à quelqu'un* est un gallicisme de construction. Mais, comme on peut presque toujours, malgré cette irrégularité, saisir le rapport des mots entre eux, il en résulte que la plupart des gal-

licismes de construction peuvent être analysés. C'e ce que nous allons démontrer, en faisant l'analyse d'un certain nombre de gallicismes de cette nature, nous bornant à indiquer la fonction des mots, sans entrer dans aucun détail sur leur classification.

Il m'en veut.

Il, sujet; *me* et *en*, régimes indirects du verbe *vouloir*; *veut*, verbe actif pris neutralement.

Il en impose.

Il, sujet; *impose*, verbe actif pris neutralement, *en*, régime indirect de ce verbe.

A qui en avez-vous?

Vous, sujet; *avez*, verbe actif pris neutralement; *a qui*, régime indirect de ce verbe; *en*, autre régime indirect du même verbe.

Il en a mal usé avec moi.

Il, sujet; *a usé*, verbe neutre; *en* et *avec moi*, régimes indirects de ce verbe; *mal*, adverbe modifiant le verbe.

Où veut-il en venir?

Il, sujet du verbe *vouloir*; *veut*, verbe actif; *en*, régime indirect de *venir*; *venir*, verbe neutre, régime direct de *veut*; *où*, adverbe modifiant *venir*.

Il ne fait que sortir.

Il, sujet; *fait*, verbe actif; *sortir*, verbe neutre, régime direct de *fait*; *ne.... que*, adverbe modifie *fait*.

C'est à vous que je m'adresse.

Ce, sujet du verbe *être*; *est*, verbe substantif; *à vous*, régime indirect du verbe *m'adresse*; *que*, conjonction unissant les deux propositions *c'est*, *je m'a-*

dresse; *je*, sujet du verbe *adresse*; *me*, régime direct de ce même verbe; *adresse*, verbe pronominal. (Voy. notre *Gramm.* p. 138, 139).

C'est de vous que nous parlons.

Ce, sujet du verbe *être*; *est*, verbe substantif; *de vous*, régime indirect du verbe *parler*; *que*, conjonction unissant les deux propositions *c'est*, *nous parlons*; *nous*, sujet; *parlons*, verbe neutre.

C'est là que s'arrête notre ambition.

Ce, sujet de *est*; *est*, verbe substantif; *là*, adverbe, modifie *parlons*; *que*, conjonction unissant les deux propositions *c'est*, *s'arrête notre ambition*; *notre ambition*, sujet de *s'arrête*; *se*, régime direct de *arrête*; *s'arrête*, verbe pronominal.

C'est votre frère.

Ce, sujet; *est*, verbe substantif; *votre frère*, attribut du sujet.

C'est nous.

Ce, sujet; *est*, verbe substantif; *nous*, attribut du sujet.

C'est vous.

Ce, sujet; *est*, verbe substantif; *vous*, attribut du sujet.

C'est la vertu et le génie qui nous immortalisent.

Ce, sujet; *est*, verbe substantif; *la vertu et le génie*, attributs du sujet; *qui*, sujet du verbe *immortalisent*; *nous*, régime direct de ce verbe.

Analysez de même les phrases analogues : *c'est lui*, *c'est elle*, *c'est celui-ci*, etc.

85. A l'égard des phrases où le verbe *être* précédé de *ce* est employé au pluriel, comme dans ces exemples : *ce sont eux*, *ce sont elles*, *ce sont les vertus*, etc., le gallicisme se refuse à toute analyse; car, par une de

ces bizarreries qu'on ne saurait expliquer, le verbe (*sont*) se trouve au pluriel, quoique se rapportant à un sujet singulier (*ce*). La seule manière de rendre compte de ces phrases et de leurs analogues, c'est de dire :

Ce sont les Grecs qu'on poursuit.

Ce, pronom démonstratif masculin singulier, sujet du verbe *être*; *sont*, verbe substantif, etc., au pluriel par gallicisme, quoique son sujet soit du singulier; *les Grecs*, attribut du sujet *ce*; *que*, régime direct de *poursuit*, etc.

86. Parmi les gallicismes de construction, il en est dont on peut rendre compte par la figure de construction appelée *pléonasme* (74); tels sont les gallicismes formés par les verbes impersonnels. Pour bien comprendre ceci, il faut se rappeler ce que nous avons dit, dans notre *Nouv. Gramm. franç.*, au sujet de ces sortes de verbes, p. 24 et 25 : dans les verbes impersonnels, y disons-nous, le pronom *il*, mot vague qui signifie *ceci*, n'est pas le véritable sujet; il l'annonce, il est le sujet apparent; mais le sujet réel vient après le verbe, et est exprimé ou par un substantif : *il me faut un livre;* ou par un infinitif sans préposition : *il faut étudier;* ou par un infinitif précédé d'une préposition : *il importe d'étudier;* ou par une proposition : *il faut que vous étudiiez.* Il y a là véritablement deux sujets : *il*, *livre*, dans la première phrase; *il*, *étudier*, dans la seconde; *il*, *d'étudier*, dans la troisième, et *il*, *que vous étudiiez*, dans la quatrième. Pour achever de rendre cela clair, analysons les exemples précédents :

Il me faut un livre.

Il, pronom personnel, etc., sujet apparent du verbe *falloir*; *me*, régime indirect du même verbe; *faut*, verbe impersonnel; *livre*, sujet réel du verbe.

Il faut étudier

Il, sujet apparent du verbe *falloir*; *faut*, verbe impersonnel; *étudier*, sujet réel du verbe.

Il importe d'étudier.

Il, sujet apparent du verbe *importer*; *importe*, verbe impersonnel; *d'étudier*, sujet réel du verbe.

Il faut que vous étudiiez.

Il, sujet apparent du verbe *falloir*; *faut*, verbe impersonnel, qui a pour sujet la proposition suivante : *que vous étudiiez*.

87. Les verbes impersonnels *il pleut*, *il neige*, etc., présentent une particularité dans leur construction : il n'y a que le sujet apparent d'exprimé; le sujet réel n'est pas énoncé, il reste dans l'esprit. Ces sortes de verbes impersonnels s'analysent de cette manière : *il*, sujet apparent; *pleut*, verbe impersonnel dont le sujet réel n'est pas exprimé; et de même pour tous les analogues, comme *il tonne*, *il gèle*, *il grêle*, etc.

88. Le verbe impersonnel *il y a* ne saurait s'analyser mot à mot. Ici, le verbe actif *avoir* n'a pas de régime direct, quoiqu'il exige toujours un régime de cette nature, car quand on a, il faut avoir quelque chose; et l'adverbe *y*, dont l'office est de modifier le verbe en y ajoutant une idée de lieu, ne remplit ici aucune fonction de cette nature. Ces deux mots (*y*,

avoir) ont déposé la signification qui leur est propre, pour n'exprimer ensemble que l'idée d'existence. En effet : *il y avait un prince* signifie, *il existait un prince.* Pour analyser cette phrase, il faut dire : *Il*, sujet apparent; *y*, adverbe, *avait*, verbe actif, employés l'un et l'autre, par gallicisme, pour le verbe *exister*; *un prince*, sujet réel du verbe *y avait.*

89. Parmi les gallicismes de construction, il en est aussi dont on ne peut rendre compte que par la figure de construction appelée *ellipse;* tels sont les gallicismes suivants :

Il ne fait que de partir.

Construction pleine :

Il ne fait que (*l'action*) de partir :

Il, sujet; *ne.... que*, adverbe modifie *fait; fait*, verbe actif; *l'action*, régime direct sous-entendu du verbe *fait; de partir*, régime indirect du substantif *action.*

Il ne laisse pas de s'amuser.

Construction pleine :

Il ne laisse pas (*l'action*) de s'amuser.

Il, sujet; *ne pas*, adverbe de négation; *laisse*, verbe actif; *l'action*, régime direct sous-entendu du verbe *laisse; de s'amuser*, régime indirect du substantif *action.*

Remarque. On peut, dans l'analyse des deux dernières phrases et de leurs analogues, ne pas sous-entendre le substantif *action*; et dire simplement *de partir*, régime direct de *fait;* et *de s'amuser*, régime direct de *laisse*, comme dans je *désire de sortir*, on dit *de sortir*, régime direct de *je désire.*

Il a beau dire.

Construction pleine :

Il a beau (*jeu pour*) dire.

Il, sujet; *a*, verbe actif; *beau*, adjectif qualifie *jeu*; *jeu*, régime direct sous-entendu du verbe *a*; *pour dire*, régime indirect du verbe *a*.

C'est un crime de trahir son ami.

Construction pleine :

C'est un crime (*l'action*) de trahir son ami.

Ce, sujet du verbe *être*; *est*, verbe substantif; *un crime*, attribut du sujet *ce*; *l'action*, sujet sous-entendu du verbe *être*, et employé par pléonasme; *de trahir*, régime indirect du substantif *action*; *son ami*, régime direct du verbe *trahir*.

Remarque. Ici on peut également ne pas admettre l'ellipse du substantif *action*, et, dans ce cas, on analyse comme s'il y avait : *ceci, de trahir son ami, est un crime*; et l'on dit : *ce*, sujet de *est*; *de trahir*, autre sujet de *est*, répété par pléonasme; *est*, verbe substantif; *un crime*, attribut du sujet *ce*, etc.

90. Quelques-uns des gallicismes elliptiques ne peuvent s'analyser, par la raison qu'il est souvent impossible de reconnaître quels sont les mots sous-entendus; tels sont principalement ceux qui renferment la conjonction *que* : *Ils ne laissent pas que de s'amuser; si j'étais que de vous; c'est un plaisir que de soulager les malheureux*, etc., etc.

SECONDE PARTIE.

APPLICATION DES PRÉCEPTES.

EXERCICE I.

Sujet exprimé par un substantif (9). *

Dieu est juste. Le conquérant est craint. Le vice est odieux. La vertu plaît. Les sciences sont utiles. Le soleil brille. La nuit est obscure. Les arbres fleurissent. Le jour est éclatant. Démosthène et Cicéron étaient éloquents; leurs ouvrages sont admirables. La fraude et le mensonge sont punissables.

Dieu . . s. propre, m. sing., suj. de *est.*
est . . . . v. subst. au prés. de l'indic., 3. pers. du sing. 4. conj.
juste. . . adj. qualific. m. sing., qualif. *Dieu.*
Le . . . art. m. sing., annonce que *conquérant* est déterminé.
conquérant s. comm., m. sing., suj. de *est craint.*
est craint. v. pass. au prés. de l'indic., 3. pers. du sing., 4. conj.
Le . . . . art. m. sing., annonce que *vice* est déterm.
vice . . . s. comm., m. sing., suj. de *est.*
est . . . v. subst. au prés. de l'ind., 3. pers. du sing., 4. conj.
odieux. . adj. qualific. m. sing., qualif. *vice.*

* Les chiffres placés en tête de chaque Exercice renvoient aux Préceptes contenus dans la première partie.

La . . . art. f. sing., annonce que *vertu* est déterm.
vertu . . s. comm. f. sing., suj. de *plaît*.
plaît. . . v. neut. au prés. de l'indic. 3. pers. du sing., 4. conj.
Les . . . art. f. pl., annonce que *sciences* est déterm.
sciences . s. comm. f. pl., suj. de *sont*.
sont . . . v. subst. au prés. de l'indic., 3. pers. du pl., 4. conj.
utiles. . . adj. qualific. f. pl., qualif. *sciences*.
Le . . . art. m. sing., annonce que *soleil* est déterm.
soleil . . s. comm. m. sing., suj. de *brille*.
brille . . v. neut. au prés. de l'indic., 3. pers. du sing., 1. conj.
La . . . . art. f. sing., annonce que *nuit* est déterm.
nuit . . . s. comm. f. sing., suj. de *est*.
est . . . v. subst. au prés. de l'indic., 3. pers. du sing., 4. conj.
obscure. . adj. qualific. f. sing., qualif. *nuit*.
Les . . . art. m. pl. annonce que *arbres* est déterm.
arbres . . s. comm. m. pl., suj. de *fleurissent*.
fleurissent. v. neut. au prés. de l'ind., 3. pers. du pl., 2. conj.
Le . . . art. m. sing., annonce que *jour* est déterm.
jour . . . s. comm. m. sing., suj. de *est*.
est . . . v. subst. au prés. de l'indic., 3. pers. du sing., 4. conj.
éclatant. . adj. qualific. m. sing., qualif. *jour*.
Démosthène s. prop. m. sing., suj. de *étaient*.
et . . . . conjonct.
Cicéron . . s. prop. m. sing., suj. de *étaient*.
étaient . . v. subst. à l'imparf. de l'indic., 3. pers. du pl., 4. conj.
éloquents. adj. qualific. m. pl., qualif. *Démosthène* et *Cicéron*.

Leurs . . . adj. poss. m. pl., déterm. *ouvrages.*
ouvrages . . s. comm. m. pl., suj. de *sont.*
sont . . . . v. subst. au prés. de l'indic., 3. pers. du pl., 4. conj.
admirables. adj. qualific. m. pl., qualif. *ouvrages.*
La . . . . art. f. sing., annonce que *fraude* est déterm.
fraude . . . s. comm. f. sing., suj. de *sont.*
et . . . . . . conjonct.
le . . . . . . art. m. sing., annonce que *mensonge* est déterm.
mensonge . . s. comm. m. sing., suj. de *sont.*
sont . . . . v. subst. au prés. de l'indic. 3. pers. du pl., 4. conj.
punissables. adj. qualific. m. pl. qualif. *fraude* et *mensonge.*

Analysez de même :

La sagesse est rare. L'hypocrite est détesté. La vertu plaît. Le ciel est pur. Les talents sont recherchés. Le mérite est modeste. Le tonnerre gronde. Nos soldats sont courageux. Le vent siffle. La mer est orageuse. Alexandre et César étaient braves; leurs exploits sont célèbres. Le vice et la vertu sont opposés.

EXERCICE II.

Sujet exprimé par un pronom (9).

Je suis content. Tu es aimé. Il sera récompensé. Nous sommes sensibles. Vous seriez encouragés. Ils réussirent. Elles avaient souri. J'étais heureux. Tu viendras. Il fut humain. Nous partîmes. Vous êtes savants. Ils auront travaillé. Vos devoirs sont commencés; les miens sont avancés; ceux-ci sont finis.

Je . . . . . pron. pers., 1. pers. du m. sing., suj. de *suis.*
suis . . . . v. subst. au prés. de l'indic., 1. pers. du sing., 4. conj.
content. . . adj. qualific. m. sing., qualif. *je.*
Tu . . . . . pron. pers. 2. pers. du m. sing., suj. de *es aimé.*
es aimé. . . v. pass. au prés. de l'indic., 2. pers. du sing., 1. conj.
Il . . . . . . pron. pers. 3. pers. du m. sing., suj. de *sera récompensé.*
sera récompensé. v. pass. au fut. simple, 3. pers. du sing., 1. conj.
Nous . . . . . pron. pers. 1. pers. du m. pl., suj. de *sommes.*
sommes . . v. subst. au prés. de l'indic., 1. pers. du pl., 4. conj.
sensibles. . . adj. qualific. m. pl., qualif. *nous.*
Vous . . . . pron. pers. 2. pers. du m. pl., suj. de *seriez encouragés.*
seriez encouragés. v. pass. au cond. prés., 2. pers. du pl., 1. conj.
Ils . . . . . pron. pers. 3. pers. du m. pl., suj. de *réussirent.*
réussirent. . . v. neut. au passé déf., 3. pers. du pl., 2. conj.
Elles . . . . . pron. pers. 3. pers. du f. pl., suj. de *avaient souri.*
avaient souri. v. neut. au plus-q.-parf. de l'indic., 3. pers. du pl., 4. conj.
Je. . . . . . . pron. pers. 1. pers. du m. sing., suj. de *étais.*
étais . . . . v. subst. à l'imparf. de l'indic., 1. pers. du sing., 4. conj.
heureux. . . adj. qualific. m. sing., qualif. *je.*

Tu . . . . . pron. pers. 2. pers. du m. sing., suj. de *viendras*.
viendras. . . v. neut. au fut. simple, 2. pers. du sing., 2. conj.
Il . . . . . pron. pers., 3. pers. du m. sing., suj. de *fut*.
fut . . . . . . v. subst. au passé déf., 3. pers. du sing., 4. conj.
humain. . . adj. qualific. m. s., qualif. *il*.
Nous . . . pron. pers. 1. pers. m. pl., suj. de *partîmes*.
partîmes. . v. neut. au passé déf., 1. pers. du pl., 2. conj.
Vous . . . . pron. pers. 2. pers. du m. pl., suj. de *êtes*.
êtes . . . . v. subst. au prés. de l'ind., 2. pers. du pl., 4. conj.
savants. . . adj. qualific. m. pl., qualif. *vous*.
Ils . . . . . . pron. pers. 3. pers. du m. pl., suj. de *auront travaillé*.
auront travaillé. v. neut. au fut. passé 3. pers. du pl., 1. conj.
Vos . . . . adj. poss. m. pl., déterm. *devoirs*.
devoirs . . . s. comm. m. pl., suj. de *sont commencés*.
sont commencés. v. pass. au prés. de l'indic. 3. pers. du pl., 1. conj.
Les miens . pron. poss. 3. pers. du m. pl., suj. de *sont avancés*.
sont avancés. v. pass. au prés. de l'indic. 3. pers. du plur., 1. conj.
Ceux-ci . . pron. démonst. 3. pers. du m. pl., suj. de *sont finis*.
sont finis. v. pass. au prés. de l'indic. 3. pers. du pl., 2. conj.

Analysez de même :

Je suis reconnaissant. Tu es généreux. Il était chéri. Elle sera estimée. Nous sommes innocents. Vous fûtes coupables. Ils seraient punis. Elles ont régné.

J'avais été ambitieux. Tu étais intimidé. Il fut perfide. Nous sommes faibles. Vous êtes courageux. Ils ont succombé. Vos armées sont vaincues; les nôtres sont victorieuses. Bossuet et Fénélon sont éloquents : celui-ci est entraînant, celui-là est persuasif.

EXERCICE III.

Régime des substantifs et des pronoms (15).

Le bonheur des honnêtes gens est durable ; celui des méchants passe promptement. La bibliothèque de votre frère est nombreuse ; mais celle de mon père est mieux choisie. Le temps de votre jeunesse est passé ; celui de la sienne commence. Le jardin de cette maison est vaste ; mais celui de celle-ci est plus grand. L'heure de travailler est arrivée ; celle de jouer viendra bientôt.

Le. . . . . . art. m. sing., annonce que le subst. *bonheur* est déterm.

bonheur. . . s. comm. m. sing., suj. de *est*.

des. . . . . art. contr. : *de*, prép. ; *les*, art. m. pl., annonce que *gens* est déterm.

honnêtes. . . adj. qualific. m. pl., qualif. *gens*.

gens. . . . s. comm. m. pl., rég. indir. de *bonheur*.

est. . . . . v. subst. au prés. de l'ind., 3. pers. du sing., 4. conj.

durable . . . adj. qualific. m. sing., qualifie *bonheur*.

celui. . . . pron. démonst., 3. pers. du m. sing., suj. de *passe*.

des. . . . . art. contr. : *de*, prép. ; *les*, art. m. pl., annonce que *méchants* est déterm.

méchants. . adj. qualific. m. pl., pris substantiv., rég. indir. de *celui*.

passe. . . . v. act. pris neutral. au prés. de l'ind., 3. pers. du sing., 4. conj. (*a*)

promptement. adv. modif. *passe*.

La. . . . . art. f. sing., annonce que *bibliothèque* est déterm.

bibliothèque. s. comm. f. sing., suj. de *est*.

de. . . . . . prép.

votre. . . . adj. poss. m. sing., déterm. *frère*.

frère. . . . s. comm. m. sing., rég. indir. de *bibliothèque*.

est. . . . . v. subst. au prés. de l'ind., 3. pers. du sing., 4.ᵉ conj.

nombreuse;. adj. qualific. f. sing., qualifie *bibliothèque*.

mais. . . . conjonct.

celle. . . . pron. démonst., 3. pers. du f. sing., suj. de *est choisie*.

de. . . . . . prép.

mon. . . . adj. poss. m. sing., déterm. *père*.

père. . . . . s. comm. m. sing., rég. indir. de *celle*.

est choisie. . v. pass. au prés. de l'ind., 3. pers. du sing., 2. conj.

mieux. . . adv. modif. *est choisie*.

Le. . . . . art. m. sing., annonce que *temps* est déterm.

temps. . . . s. comm. m. sing., suj. de *est passé*.

de. . . . . . prép.

votre. . . . adj. poss. f. sing., déterm. *jeunesse*.

jeunesse. . . s. comm. f. sing., rég. indir. de *temps*.

est passé;. . v. act. pris neutral. au prés. de l'ind., 3. pers. du sing., 1. conj.

celui. . . . . pron. démonst., 3. pers. du m. sing., suj. de *commence*.

(*a*) Un verbe actif est pris *neutralement*, quand son régime direct n'est pas exprimé.

de. . . . . . prép.
la sienne. . . pron. poss. 3. pers. f. sing., rég. indir. de *celui*.
commence . v. act. pris neutral. au prés. de l'ind., 3. pers. du sing., 1. conj.
Le. . . . . art. m. sing., annonce que *jardin* est déterm.
jardin. . . . s. comm. m. sing., suj. de *est*.
de. . . . . . prép.
cette. . . . . adj. démonst. f. sing., déterm. *maison*.
maison. . . s. comm. f. sing., rég. indir. de *jardin*.
est. . . . . v. subst. au prés. de l'ind., 3. pers. du sing., 4. conj.
vaste; . . . adj. qualific. m. sing., qualif. *jardin*.
celui. . . . pron. démonst., 3. pers. du m. sing., suj. de *est*.
de. . . . . . prép.
celle-ci. . . pron. dém., 3. pers. du f. sing., rég. indir. de *celui*.
est. . . . . . v. subst. au prés. de l'ind., 3. pers. du sing., 4. conj.
plus. . . . . adv. modif. *grand*.
grand. . . . adj. qualific. m. sing., qualifie *celui-ci*.
La. . . . . art. f. sing., annonce que *heure* est déterm.
heure. . . . s. comm. f. sing., suj. de *est arrivée*.
de. . . . . . prép.
travailler. . v. neut. au prés. de l'inf., 1. conj., rég. indir. de *heure*.
est arrivée;. v. neut. au passé indéf. 3. pers. du sing., 1. conj.
celle. . . . . pron. démonst., 3. pers. du f. sing., suj. de *viendra*.
de. . . . . . prép.
jouer. . . . . v. act. pris neutral. au prés. de l'inf., 1. conj., rég. indir. de *celle*.

viendra. . . v. neut. au fut. simpl , 3. pers. du sing., 2. conj.

bientôt . . . adv. modif. *viendra*.

Analysez de même :

Le moment des illusions est court; celui du repentir est long; l'instant de réfléchir vient trop tard. Le spectacle de la nature est admirable. Le désir de plaire est naturel; celui de dominer est absurde. Les horreurs de la révolution anglaise révoltent; celles de la nôtre sont épouvantables. Corneille et Racine écrivent parfaitement : chacun d'eux plaît également, quoique le style de l'un (*a*) soit plus élevé, et que celui de l'autre (*a*) soit plus élégant.

EXERCICE IV.

Régime des adjectifs (17).

L'homme de bien est utile à ses semblables. Il est incapable d'une bassesse. Cette action est digne d'un sage. Le méchant est fertile en fraudes. Il est ingrat envers ses bienfaiteurs. Le mensonge est indigne de vous. L'éclat des planètes n'est pas comparable à celui du soleil. La marine anglaise est supérieure à la nôtre. Le souvenir d'un bienfait est doux à conserver. Le travail est nécessaire pour vivre. Le mérite modeste est digne d'être récompensé.

(*a*) *Chacun*, *l'un*, *l'autre*, pronoms indéfinis.

e. . . . . art. m. sing., annonce qu'*homme* est déterm.
omme. . . s. comm. m. sing., suj. de *est*.
t. . . . . . prép.
en. . . . . s. comm. m. sing., rég. indir. de *homme*.
t. . . . . v. subst. au prés. de l'ind., 3. pers. du sing., 4. conj.
tile. . . . . adj. qualific. m. sing., qualifie *homme*.
i. . . . . . prép.
es. . . . . adj. poss. m. pl., déterm. *semblables*.
emblables. . adj. qualific. m. pl. pris substantiv., rég. indir. de *utile*.
Il. . . . . . pron. pers., 3. pers. du m. sing., suj. de *est*.
st. . . . . v. subst. au prés. de l'ind., 3. pers. du sing., 4. conj.
incapable. . adj. qualific. m. sing., qualifie *il*.
de. . . . . . prép.
une. . . . . adj. num. card. f. sing., déterm. *bassesse*.
bassesse. . . s. comm. f. sing., rég. indir. de *incapable*.
Cette. . . . adj. démonst. f. sing., déterm. *action*.
action. . . . s. comm. f. sing., suj. de *est*.
est. . . . . . v. subst. au prés. de l'ind., 3. pers. du sing., 4. conj.
digne. . . . adj. qualific. f. sing., qualif. *action*.
de. . . . . . prép.
un. . . . . . adj. num. card. m. sing., déterm. *sage*.
sage. . . . . adj. qualific. pris substantiv. m. sing., rég. indir. de *digne*.
Le. . . . . art. m. sing., annonce que *méchant*. est déterm.
méchant. . . adj. qualific. pris substantiv. m. sing., suj. de *est*.
est. . . . . v. subst. au prés. de l'ind., 3. pers. du sing. 4. conj.
fertile. . . . adj. qualific. m. sing., qualif. *méchant*.

en. . . . . . prép.
fraudes. . . s. comm. f. pl., rég. indir. de *fertile*.
Il. . . . . . pron. pers., 3. pers. du m. sing., suj. de *est*.
est. . . . . v. subst. au prés. de l'ind., 3. pers. du sing., 4. conj.
ingrat. . . . adj. qualific. m. sing., qualifie *il*.
envers. . . . prép.
ses. . . . . adj. poss. m. pl., déterm. *bienfaiteurs*.
bienfaiteurs. s. comm. m. pl., rég. indir. de *ingrat*.
Le. . . . . art. m. sing. , annonce que *mensonge* est dét.
mensonge. . s. comm. m. sing., suj. de *est*.
est. . . . . v. subst. au prés. de l'ind., 3. pers. du sing., 4. conj.
indigne. . . adj. qualific. m. sing., qualifie *mensonge*.
de. . . . . . prép.
vous. . . . . pron. pers., 2. pers. du m. pl., rég. indir. de *indigne*.
Le. . . . . . art. m. sing , annonce qu'*éclat* est déterm.
éclat. . . . . s. comm. m. sing., suj. de *est*.
des. . . . . art. contr. : *de*, prép.; *les*, art. f. pl., annonce que *planètes* est déterm.
planètes. . . s. comm. f. pl., rég. indir. de *éclat*.
ne pas. . . . adv. de négation.
est. . . . . v. subst. au prés. de l'ind., 3. pers. du sing., 4. conj.
comparable. adj. qualific. m. sing., qualifie *éclat*.
à. . . . . . prép.
celui. . . . pron. démonst., 3. pers. du m. sing., rég. indir. de *comparable*.
du. . . . . . art. contr. : *de* , prép. ; *le*, art. m. sing. , annonce que *soleil* est déterm.
soleil. . . . s. comm. m. sing., rég. indir. de *celui*.
La. . . . . art. f. sing., annonce que *marine* est déterm.
marine. . . s. comm. f. sing., suj. de *est*.

anglaise. . . adj. qualific. f. sing., qualif. *marine*.
est. . . . . . v. subst. au prés. de l'ind., 3. pers. du sing., 4. conj.
supérieure. . adj. qualific. f. sing., qualif. *marine*.
à. . . . . . prép.
la nôtre. . . pron. poss. f. sing., rég. indir. de *supérieure*.
Le. . . . . art. m. sing., annonce que *souvenir* est dét.
souvenir. . . s. comm. m. sing., suj. de *est*.
de. . . . . . prép.
un. . . . . . adj. num. card. m. sing., déterm. *bienfait*.
bienfait. . . s. comm. m. sing., rég. indir. de *souvenir*.
est. . . . . . v. subst. au prés. de l'ind., 3. pers. du sing., 4. conj.
doux. . . . adj. qualific. m. sing., qualif. *souvenir*.
à. . . . . . prép.
conserver. . v. act. au prés. de l'inf., 1. conj., rég. indir. de *doux*.
Le. . . . . . art. m. sing., annonce que *travail* est déterm.
travail. . . s. comm. m. sing., suj. de *est*.
est. . . . . v. subst. au prés. de l'ind., 3. pers. du sing., 4. conj.
nécessaire. . adj. qualific. m. sing., qualif. *travail*.
pour. . . . . prép.
vivre. . . . v. neut. au prés. de l'inf., 4. conj., rég. indir. de *nécessaire*.
Le. . . . . art. m. sing., annonce que *mérite* est déterm.
mérite. . . s. comm. m. sing., suj. de *est*.
modeste. . . adj. qualific. m. sing., qualif. *mérite*.
est. . . . . . v. subst. au prés. de l'ind., 3. pers. du sing., 4. conj.
digne. . . . adj. qualific. m. sing., qualif. *mérite*.
de. . . . . . prép.
être récompensé. v. pass. au prés. de l'inf., 1. conj., rég. indir. de *digne*.

Analysez de même :

L'ingrat est odieux aux gens de bien. Il est incapable d'une action généreuse, et il est insensible à un bon procédé. Le Français, intrépide dans les combats, est humain envers ses ennemis. Notre inexpérience nous est nuisible. Les comédies de Molière sont supérieures à celles de Térence. L'étude des lettres est propre à orner l'esprit et le cœur, et digne d'occuper les loisirs d'un homme sensé.

EXERCICE V.

Régime direct exprimé par un substantif (12).

Je cultive les arts. Alexandre vainquit les Grecs. Tu chéris la vertu. L'injustice produit l'indépendance. Nous encourageons les élèves laborieux. La faiblesse autorise les méchants. Vous étudiez les chefs-d'œuvre des anciens. Les belles actions excitent l'admiration. Les grands rois font les héros. La religion élève l'ame ; elle ennoblit les sentiments.

Je . . . . . pron. pers. 1. pers. du m. sing., suj. de *cultive*.

cultive . . . v. act. au prés. de l'indic. 1. pers. du sing., 1. conj.

les . . . . . . art. m. pl., annonce que *arts* est déterm.

arts . . . . . s. comm. m. pl., rég. dir. de *cultive*.

Alexandre . subst. prop. m. sing., suj. de *vainquit*.

vainquit . . v. act. au passé déf., 3. pers. du sing., 4. conj.

les . . . . . art. m. pl., annonce que *Grecs* est déterm.

Grecs. . . . s. comm. m. pl., rég. dir. de *vainquit*.
Tu . . . . pron. pers. 2. pers. du m. sing., suj. de *chéris*.
chéris . . . v. act. au prés. de l'indic., 2. pers. du sing., 2. conj.
la . . . . . art. f. sing. annonce que *vertu* est déterm.
vertu. . . . . s. comm. f. sing., rég. dir. de *chéris*.
La . . . . art. f. sing. annonce que *injustice* est déterm.
injustice . . s. comm. f. sing., suj. de *produit*.
produit . . . v. act. au prés. de l'indic., 3. pers. du sing., 4. conj.
la . . . . . art. f. sing. annonce que *indépendance* est déterm.
indépendance. s. comm. f. sing., rég. dir. de *produit*.
Nous . . . pron. pers. 1. pers. du m. pl., suj. de *encourageons*.
encourageons v. act. au prés. de l'indic. 1. pers. du pl., 1. conj.
les . . . . . art. m. pl. annonce que *élèves* est déterm.
élèves . . . s. comm. m. pl., rég. dir. de *encourageons*.
laborieux. . adj. qualific. m. pl., qualif. *élèves*.
La . . . . art. f. sing. annonce que *faiblesse* est déterm.
faiblesse . . s. comm. f. sing., suj. de *autorise*.
autorise . . v. act. au prés. de l'indic. 3. pers. du sing., 1. conj.
les . . . . . art. m. pl. annonce que *méchants* est déterm.
méchants. . adj. qualific. m. pl., pris substantiv., rég. dir. de *autorise*.
Vous . . . . pron. pers., 2. pers. du m. pl., suj. de *étudiez*.
étudiez . . . v. act. au prés. de l'indic. 2. pers. du pl., 1. conj.
les . . . . . art. m. pl. annonce que *chefs-d'œuvre* est déterm.
chefs-d'œuvre s. composé, m. pl., rég. dir. de *étudiez*.

des	art. contr. : *de*, prép.; *les*, art. m. pl. annonce que *anciens* est déterm.
anciens. . .	adj. qualific. m. pl., pris substantiv., rég. indir. de *chefs-d'œuvre*.
Les	art. f. pl. annonce que *actions* est déterm.
belles . . .	adj. qualific. f. pl., qualif. *actions*.
actions . . .	s. comm. f. pl., suj. de *excitent*.
excitent . .	v. act. au prés. de l'indic. 3. pers. du plur., 1. conj.
la	art. f. s. annonce que *admiration* est déterm.
admiration.	s. comm. f. sing., rég. dir. de *excitent*.
Les	art. m. pl. annonce que *rois* est déterm.
grands . . .	adj. qualific. m. pl. qualif. *rois*.
rois	s. comm. m. pl., suj. de *font*.
font	v. act. au prés. de l'indic. 3. pers. du pl., 4. c.
les	art. m. pl. annonce que *héros* est déterm.
héros. . . .	s. comm. m. pl., rég. dir. de *font*.
La	art. f. s. annonce que *religion* est déterm.
religion . .	s. comm. f. sing., suj. de *élève*.
élève	v. act. au prés. de l'indic. 3. pers. du sing., 1. conj.
la	art. f. sing. annonce que *ame* est déterm.
ame, . . .	s. comm. f. sing., rég. dir. de *élève*.
elle	pron. pers. 3. pers. du f. sing., suj. de *ennoblit*.
ennoblit . .	v. act. au prés. de l'indic. 3. pers. du sing., 2. conj.
les . . .	art. m. pl. annonce que *sentiments* est déterm.
sentiments. .	s. comm. m. pl., rég. dir. de *ennoblit*.

Analysez de même :

J'aime ma patrie. L'envie persécute les grands hommes. Tu détestes le travail. Les bonnes actions portent leur récompense. Il a terminé sa carrière. L'espoir adoucit la peine. Nous haïssons le mensonge. Chaque instant change notre situation. Vous affrontez les périls. La vertu souffrante attendrit tous les cœurs. Ils remporteront la victoire. La plus heureuse vie a ses amertumes.

EXERCICE VI.

Substantif employé comme sujet et comme régime direct, quoique précédé de la préposition de.

Observation. Quoique l'office de la préposition soit de former un régime indirect, il arrive quelquefois que la préposition *de* peut précéder un substantif employé comme sujet ou comme régime direct; c'est lorsque cette préposition est prise dans un sens partitif, c.-à-d., signifie *quelque*, *quelques : du travail lui est nécessaire*, c.-à-d., *quelque travail*, etc.; — *des personnes sont venues*, c.-à-d., *quelques personnes*, etc.; — *il a de la fortune*, c.-à-d., *quelque fortune*; — *il possède des amis*, c.-à d., *quelques amis*.

De l'orgueil annonce une ame basse. Du travail procure l'aisance. De la dissipation entretient la santé. Des richesses ne font pas le bonheur. De grands talents font toujours un grand nom. Vous avez du mérite. Il a de l'esprit. Socrate avait de la sagesse. Le génie et la vertu méritent des hommages. De grandes passions causent souvent de grandes peines.

De . . . . prép. prise dans un sens partitif.
le . . . . art. m. s. annonce que *orgueil* est déterm.
orgueil . . . s. comm. m. sing., suj. de *annonce*.
annonce . . v. act. au prés. de l'ind. 3. pers. du sing., 1. c.
une . . . . adj. num. card. f. sing. déterm. *ame*.
ame . . . . s. comm. f. sing., rég. dir. de *annonce*.

basse. . . . adj. qualific. f. sing. qualif. *ame*.
Du . . . . art. contr. : *de*, prép. prise dans un sens partitif ; *le*, art. m. sing. annonce que *travail* est déterm.
travail . . . s. comm. m. sing., suj. de *procure*.
procure . . . v. act. au prés. de l'indic. 3. pers. du sing., 1. conj.
la . . . . . art. f. sing. annonce que *aisance* est déterm.
aisance. . . s. comm. f. sing., rég. dir. de *procure*.
De . . . . prép. prise dans un sens partitif.
la . . . . . art. f. s. annonce que *dissipation* est déterm.
dissipation . s. comm. f. sing., suj. de *entretient*.
entretient . . v. act. au prés. de l'indic. 3. pers. du sing., 2. conj.
la . . . . . art. f. sing. annonce que *santé* est déterm.
santé. . . . s. comm. f. sing., rég. dir. de *entretient*.
Des . . . . art. contr. : *de*, prép. prise dans un sens partitif; *les*, art. f. pl. annonce que *richesses* est déterm.
richesses . . s. comm. f. pl., suj. de *font*.
ne pas . . . adv. de nég.
font . . . . v. act. au prés. de l'indic. 3. pers. du plur., 4. conj.
le . . . . . art. m. sing. annonce que *bonheur* est déterm.
bonheur. . . s. comm. m. sing., rég. dir. de *font*.
De . . . . prép. prise dans un sens partitif.
grands . . . adj. qualific. m. pl. qualif. *talents*.
talents . . s. comm. m. pl., suj. de *font*.
font . . . . v. act. au prés. de l'indic. 3. pers. du pl., 4. conj.
toujours . . adv. modifie *font*.
un . . . . adj. num. card. m. sing. déterm. *nom*.
grand . . . adj. qualific. m. sing. qualif. *nom*.
nom. . . . s. comm. m. sing., rég. dir. de *font*.

Vous . . . pron. pers. 2. pers. du m. pl., suj. de *avez.*
avez . . . . v. act. au prés. de l'indic. 2. pers. du pl., 3. c.
du . . . . . art. contr. : *de*, prép. prise dans un sens partitif; *le*, art. m. sing. annonce que *mérite* est déterm.
mérite. . . s. comm. m. sing., rég. dir. de *avez.*
Il . . . . pron. pers. 3. pers. du m. sing., suj. de *a.*
a . . . . . v. act. au prés. de l'ind. 3. pers. du sing., 3. c.
de . . . . . prép. prise dans un sens partitif.
le . . . . . art. m. sing. annonce que *esprit* est déterm.
esprit. . . . s. comm. m. sing., rég. dir. de *a.*
Socrate . . . s. prop. m. sing., suj. de *avait.*
avait . . . v. act. à l'imparf. de l'indic. 3. pers. du sing., 3. conj.
de . . . . . prép. prise dans un sens partitif.
la . . . . art. f. sing., annonce que *sagesse* est déterm.
sagesse. . . s. comm. f. sing., rég. dir. de *avait.*
Le . . . . . art. m. sing. annonce que *génie* est déterm.
génie . . . s. comm. m. sing., suj. de *méritent.*
et . . . . . conj.
la . . . . . art. f. sing. annonce que *vertu* est déterm.
vertu . . . s. comm. f. sing., suj. de *méritent.*
méritent . . v. act. au prés. de l'indic. 3. pers. du pl., 1. conj.
des . . . . art. contr. : *de*, prép. prise dans un sens partitif; *les*, art. m. pl. annonce que *hommages* est déterm.
hommages. . s. comm. m. pl., rég. dir. de *méritent.*
De . . . . prép. prise dans un sens partitif.
grandes . . adj. qualific. f. pl., qualif. *passions.*
passions . . s. comm. f. pl., suj. de *causent.*
causent . . v. act. au prés. de l'indic. 3. pers. du plur., 1. conj.
souvent . . . adv. modifie *causent.*

de . . . . . prép. prise dans un sens partitif.
grandes . . adj. qualific. f. pl., qualif. *peines*.
peines. . . . s. comm. f. pl., rég. dir. de *causent*.

Analysez de même :

Du pain et de l'eau suffisaient à Diogène. Des assassins ôtèrent la vie à Cicéron. De nombreuses armées envahirent la Grèce sous Xercès. Thémistocle montra du courage dans l'adversité. Les Français ont de la vivacité. Corneille et Racine ont composé des tragédies admirables. De petites causes ont produit souvent de grands évènements.

EXERCICE VII.

Régime direct exprimé par un pronom.

Les lois me protègent. La victoire nous abandonna. Nous te chérissions. La fortune vous trahit. Je le respecterai. Je la recommanderais. Il les a estimés. Le temps me favorisera. Dieu nous voit. Sa bonté te rassurait. Il vous aurait encouragés. Nous le blâmions. Les remords la déchirèrent. La mort les effraie.

Les. . . . . art. f. pl., annonce que *lois* est déterm.
lois. . . . . s. comm. f. pl., suj. de *protègent*.
me. . . . . pron. pers., 1. pers. du m. sing., rég. dir. de *protègent*.
protègent. . . v. act. au prés. de l'ind., 3. pers. du pl., 1. conj.
La. . . . . art. f. sing., annonce que *victoire* est déterm.
victoire. . . s. comm. f. sing., suj. de *abandonna*.

nous. . . . . pron. pers., 1. pers. du m. pl., rég. dir. de *abandonna*.

abandonna. v. act. au passé déf., 3. pers. du sing., 1. conj.

Nous. . . . pron. pers., 1. pers. du m. pl., suj. de *chérissions*.

te. . . . . . pron. pers., 2. pers. du m. sing., rég. dir. de *chérissions*.

chérissions. . v. act. à l'imparf. de l'ind., 1. pers. du pl., 2. conj.

La . . . . art. f. sing., annonce que *fortune* est déterm.

fortune. . . s. comm. f. sing., suj. de *trahit*.

vous. . . . pron. pers., 2. pers. du m. pl., rég. dir. de *trahit*.

trahit. . . . v. act. au prés. de l'ind., 3. pers. du sing., 2. conj.

Je. . . . . pron. pers., 1. pers. du m. sing., suj. de *respecterai*.

le. . . . . . pron. pers., 3. pers. du m. sing., rég. dir. de *respecterai*.

respecterai.. v. act. au fut. simpl., 1. pers. du sing., 1. conj.

Je. . . . . . pron. pers., 1. pers. du m. sing., suj. de *recommanderais*.

la. . . . . . pron. pers., 3. pers. du f. sing., rég. dir. de *recommanderais*.

recommanderais. v. act. au condit. prés., 1. pers. du sing., 1. conj.

Il. . . . . . pron. pers., 3. pers. du m. sing., suj. de *a estimés*.

les. . . . . pron. pers., 3. pers. du m. pl., rég. dir. de *a estimés*.

a estimés. . v. act. au passé indéf., 3. pers. du sing., 1. c.

Le. . . . . art. m. sing., annonce que *temps* est déterm.

temps. . . . s. comm. m. sing., suj. de *favorisera*.

me. . . . . pron. pers., 1. pers. du m. sing., rég. dir. de *favorisera*.

favorisera. . v. act. au fut. simp., 3. pers. du sing., 1. conj.

Dieu. . . . s. prop. m. sing., suj. de *voit*.

nous. . . . . pron. pers., 1. pers. du m. pl., rég. dir. de *voit*.

voit. . . . . v. act. au prés. de l'ind., 3. pers. du sing., 3. conj.

Sa. . . . . adj. poss. f. sing., déterm. *bonté*.

bonté. . . . s. comm. f. sing., suj. de *rassurait*.

te. . . . . . pron. pers., 2. pers. du m. sing., rég. dir. de *rassurait*.

rassurait. . v. act. à l'imparf. de l'ind., 3. pers. du sing., 1. conj.

Il. . . . . . pron. pers., 3. pers. du m. sing., suj. de *aurait encouragés*.

vous. . . . . pron. pers., 2. pers. du m. pl., rég. dir. de *aurait encouragés*.

aurait encouragés. v. act. au condit. passé, 3. pers. du sing., 1. conj.

Nous. . . . pron. pers., 1. pers. du m. pl., suj. de *blâmions*.

le. . . . . . pron. pers., 3. pers. du m. sing., rég. dir. de *blâmions*.

blâmions. . v. act. à l'imparf. de l'ind., 1. pers. du pl., 1. conj.

Les. . . . . art. m. pl., annonce que *remords* est déterm.

remords. . . s. comm. m. pl., suj. de *déchirèrent*.

la. . . . . . pron. pers., 3. pers. du f. sing., rég. dir. de *déchirèrent*.

déchirèrent.. v. act. au passé déf., 3. pers. du pl., 1. conj.

La. . . . . art. f. sing., annonce que *mort* est déterm.

mort. . . . s. comm. f. sing., suj. de *effraie*.

les . . . pron. pers., 3. pers. du m. pl., rég. dir. de *effraie*.
effraie. . . . v. act. au prés. de l'ind., 3. pers. du sing., 1. conj.

Analysez de même :

La beauté du ciel m'enchante. Des amis perfides nous ont trompés. Les passions t'aveuglent. La vérité vous offense. Je le reçus. Tu la protégeras. Il les récompensait. L'étude me charme. Les richesses nous éblouissent. Mes conseils te guideront. Nos malheurs vous toucheraient. Nous le plaindrons. Vous la consoliez. Il les auraient estimés.

EXERCICE VIII.

Même sujet. — Pronoms possessifs, démonstratifs, indéfinis et relatifs.

Nous aimons nos enfants comme vous chérissez les vôtres. Les productions de la nature sont variées : chaque pays a les siennes. Le vice et la vertu sont vus différemment : on admire celle-ci, et l'on déteste celui-là. Nous aimons chacun de nos élèves ; nous encourageons les uns, et nous récompensons les autres. J'ai lu les ouvrages que Fénélon a composés. Je contemple les merveilles que Dieu a créées.

Nous. . . . pron. pers., 1. pers. du m. pl., suj. de *aimons*.
aimons. . . v. act. au prés. de l'ind., 1. pers. du pl., 1. conj.
nos. . . . . adj. poss. m. pl., déterm. *enfants*.
enfants. . . s. comm. m. pl., rég. dir. de *aimons*.

comme. . . . conjonct.
vous. . . . . pron. pers. 2. pers. du m. pl. suj. de *chérissez*.
chérissez. . . v. act. au prés. de l'ind., 2. pers. du pl., 2. conj.
les vôtres. . pron. poss., 3. pers. du m. pl., rég. dir. de *chérissez*.
Les. . . . . art. f. pl., annonce que *productions* est dét.
productions. s. comm. f. pl., suj. de *sont*.
de. . . . . . prép.
la. . . . . . art. fém. sing., annonce que *nature* est déterm.
nature. . . . s. comm. f. sing., rég. indir. de *productions*.
sont. . . . . v. subst. au prés. de l'ind., 3. pers. du pl., 4. conj.
variées : . . adj. qualific. f. pl., qualif. *productions*.
chaque. . . adj. indéf. m. sing., déterm. *pays*.
pays. . . . . s. comm. m. sing., suj. de *a*.
a. . . . . . . v. act. au prés. de l'ind., 3. pers. du sing., 3. conj.
les siennes. . pron. poss., 3 pers. du f. pl., rég. dir. de *a*.
Le. . . . . . art. m. sing. annonce que *vice* est déterm.
vice. . . . . s. comm. m. sing., suj. de *sont vus*.
et. . . . . . . conjonct.
la. . . . . . . art. f. sing., annonce que *vertu* est déterm.
vertu. . . . s. comm. f. sing., suj. de *sont vus*.
sont vus. . . v. pass. au prés. de l'ind., 3. pers. du pl., 3. conj.
différemment : adv. modif. *sont vus*.
on. . . . . . pron. indéf., 3. pers. du m. sing., suj. de *admire*.
admire. . . v. act. au prés. de l'ind., 3. pers. du sing., 1. conj.
celle-ci, . . pron. démonst., 3. pers. du f. sing., rég. dir. de *admire*.

et. . . . . . conj.

l'. . . . . . lettre euphonique (*a*).

on. . . . . . pron. indéf., 3. pers. du m. sing., suj. de *déteste*.

déteste. . . . v. act. au prés. de l'ind., 3. pers. du sing., 1. conj.

celui-là. . . pron. dém., 3. pers. du m. sing., rég. dir. de *déteste*.

Nous. . . . pron. pers., 1. pers. du m. pl., suj. de *aimons*.

aimons. . . v. act. au prés. de l'ind., 1. pers. du pl., 1. conj.

chacun. . . . pron. indéf., 3. pers. du m. sing., rég. dir. de *aimons*.

de. . . . . . prép.

nos. . . . . adj. poss. m. pl., déterm. *élèves*.

élèves; . . . s. comm. m. pl., rég. indir. de *chacun*.

nous. . . . . pron. pers., 1. pers. du m. pl., suj. de *encourageons*.

encourageons. v. act. au prés. de l'ind., 1. pers. du pl., 1. conj.

les uns, . . pron. indéf., 3. pers. du m. pl., rég. dir. de *encourageons*.

et. . . . . . conj.

nous. . . . . pron. pers., 1. pers. du m. pl., suj. de *récompensons*.

récompensons. v. act. au prés. de l'ind., 1. pers. du pl., 1. conj.

les autres. [illegible]. indéf., 3. pers. du m. pl., rég. dir. de *[illegible]compensons*.

Je. . . . . . pron. pers., 1. pers. du m. sing., suj. de *ai lu*.

(*a*) C'est-à-dire, pour la douceur de la prononciation.

ai lu. . . . v. act. au passé indéf., 1. pers. du sing., 4. c.
les. . . . . art. m. pl., annonce que *ouvrages* est déterm.
ouvrages. . . s. comm. m. pl., rég. dir. de *ai lu*.
que. . . . . pron. rel., 3. pers. du m. pl., rég. dir. de *a composés*; son antécéd. est *ouvrages*.
Fénélon. . . s. prop. m. sing., suj. de *a composés*.
a composés. . v. act. au passé indéf., 3. pers. du sing., 1. c.
Je. . . . . . pron. pers., 1. pers. du m. sing., suj. de *contemple*.
contemple. . v. act. au prés. de l'ind., 1. pers. du sing., 1. conj.
les. . . . . . art. f. pl., annonce que *merveilles* est déterm.
merveilles. . s. comm. f. pl., rég. dir. de *contemple*.
que. . . . . pron. rel., 3. pers. du f. pl., rég. dir. de *a créées*; son antécéd. est *merveilles*.
Dieu. . . . . s. prop. m. sing., suj. de *a créées*.
a créées. . . v. act. au passé indéf., 3. pers. du sing., 1. conj.

Analysez de même :

Votre confiance mérite la mienne. Les grands hommes sont rares; cependant toutes les nations civilisées ont les leurs. Vous connaissez Horace et Virgile : tous les hommes éclairés admirent chacun de ces deux poètes, quoique les uns préfèrent celui-ci, et que les autres aiment mieux celui-là. Je n'ai reçu aucune des lettres que vous avez écrites. Vous aimez l'histoire naturelle de Pline; j'admire davantage celle que Buffon a composée.

EXERCICE IX.

Deux sujets et deux régimes directs.

Le temps et la patience adoucissent les peines et les

afflictions. Les talents et la sagesse méritent notre estime et notre admiration. Les sciences et les lettres ornent l'esprit et le cœur. Homère et Virgile avaient un génie et une imagination admirables. L'un et l'autre ont fait la gloire et les délices de l'antiquité. Celui-ci et celui-là ont obtenu les suffrages et l'admiration de la postérité.

Le . . . . art. m. sing. annonce que *temps* est déterm.
temps . . . . s. comm. m. sing., suj. de *adoucissent*.
et . . . . . conj.
la . . . . art. f. sing. annonce que *patience* est déterm.
patience . . s. comm. f. sing., suj. de *adoucissent*.
adoucissent . v. act. au prés. de l'indic. 3. pers. du pl., 2. conj.
les . . . . . art. f. pl. annonce que *peines* est déterm.
peines . . . s. comm. f. pl., rég. dir. de *adoucissent*.
et . . . . . conj.
les . . . . . art. f. pl. annonce que *afflictions* est déterm.
afflictions. . s. comm. f. pl., rég. dir. de *adoucissent*.
Les . . . . art. m. pl. annonce que *talents* est déterm.
talents . . . s. comm. m. pl., suj. de *méritent*.
et . . . . . conj.
la . . . . art. f. sing. annonce que *sagesse* est déterm.
sagesse . . s. comm. f. sing., suj. de *méritent*.
méritent . . v. act. au prés. de l'indic. 3. pers. du plur., 1. conj.
notre . . . adj. poss. f. sing. déterm. *estime*.
estime . . . s. comm. f. sing., rég. dir. de *méritent*.
et . . . . . conj.
notre . . . adj. poss. f. s. déterm. *admiration*.
admiration. s. comm. f. sing., rég. dir. de *méritent*.
Les . . . . art. f. pl. annonce que *sciences* est déterm.
sciences . . . s. comm. f. pl., suj. de *ornent*.

et . . . . . conj.
les . . . . . art. f. pl. annonce que *lettres* est déterm.
lettres. . . . s. comm. f. pl., suj. de *ornent*.
ornent . . . v. act. au prés. de l'indic. 3. pers. du plur., 1. conj.
le . . . . . art. m. sing. annonce que *esprit* est déterm.
esprit . . . s. comm. m. sing., rég. dir. de *ornent*.
et . . . . . conj.
le . . . . . art. m. sing. annonce que *cœur* est déterm.
cœur. . . . s. comm. m. sing. rég. dir. de *ornent*.
Homère . . s. prop. m. sing., suj. de *avaient*.
et . . . . . conj.
Virgile . . . s. prop. m. sing., suj. de *avaient*.
avaient . . . v. act. à l'imparf. de l'indic. 3. pers. du pl., 3. conj.
un . . . . adj. num. card. m. sing. déterm. *génie*.
génie . . . s. comm. m. sing., rég. dir. de *avaient*
et . . . . . conj.
une . . . . . adj. num. card. f. sing., déterm. *imagination*.
imagination s. comm. f. sing., rég. dir. de *avaient*.
admirables. adj. qualific. m. pl. qualif. *génie* et *imagination*.
L'un . . . pron. indéf. 3. pers. du m. sing., suj. de *ont fait*.
et . . . . . conj.
l'autre . . . pron. indéf. 3. pers. du m. sing., suj. de *ont fait*.
ont fait . . v. act. au pass. indéf. 3. pers. du pl., 4. conj.
la . . . . art. f. sing. annonce que *gloire* est déterm.
gloire . . . . s. comm. f. sing., rég. dir. de *ont fait*.
et . . . . . . conj.
les . . . . art. f. pl. annonce que *délices* est déterm.
délices . . . s. comm. f. pl., rég. dir. de *ont fait*.
de . . . . . prép.
la . . . . . art. f. sing. annonce que *antiquité* est déterm.

antiquité. . s. comm. f. sing., rég. indir. de *gloire* et de *délices*.

Celui-ci . . pron. démonst. 3. pers. du m. sing., suj. de *ont obtenu*.

et . . . . . conj.

celui-là . . pron. démonst. 3. pers. du m. sing., suj. de *ont obtenu*.

ont obtenu . v. act. au passé indéf. 3. pers. du plur., 2. conj.

les . . . . . art. m. pl. annonce que *suffrages* est déterm.

suffrages . . s. comm. m. pl., rég. dir. de *ont obtenu*.

et . . . . . conj.

la . . . . . art. f. sing. annonce que *admiration* est dét.

admiration. s. comm. f. sing., rég. dir. de *ont obtenu*.

de . . . . . prép.

la . . . . . art. f. sing. annonce que *postérité* est déterm.

postérité. . . s. comm. f. sing., rég. indir. de *suffrages* et de *admiration*.

Analysez de même :

L'ignorance et la stupidité enfantent la crainte et les préjugés. Le ciel et la terre annoncent la puissance et la sagesse du Créateur. Le temps et la raison calment les maux du corps et ceux de l'esprit. Votre zèle et votre application méritent des éloges et des récompenses. Racine et Fénélon font les délices des cœurs sensibles et l'admiration des gens de goût. Turenne et Condé réunissaient la prudence et l'intrépidité.

EXERCICE X.

Régime indirect du verbe exprimé par un substantif.

La modestie ajoute au mérite. L'immortalité est

accordée au génie. La prudence contribue au succès. Une mauvaise action est suivie du repentir. La hardiesse convient au génie. César combattit contre Pompée. Anacharsis alla en Grèce. Apelle excellait dans la peinture. La jeunesse est embellie par les grâces. Trois cents Spartiates périrent pour la patrie. Le méchant agit contre sa conscience.

La . . . . . art. f. sing. annonce que *modestie* est déterm.
modestie . . s. comm. f. sing., suj. de *ajoute*.
ajoute . . . v. act. pris neutral. au prés. de l'indic. 3. pers. du sing., 1. conj.
au . . . . . art. contr. : *à*, prép.; *le*, art. m. sing. annonce que *mérite* est déterm.
mérite. . . . s. comm. m. sing., rég. indir. de *ajoute*.
La . . . . art. f. s. annonce que *immortalité* est déterm.
immortalité s. comm. f. sing., suj. de *est accordée*.
est accordée . v. pass. au prés. de l'indic. 3. pers du sing., 1. conj.
au . . . . . art. contr. : *à*, prép.; *le*, art. m. sing. annonce que *génie* est déterm.
génie. . . . s. comm. m. sing., rég. indir. de *est accordée*.
La . . . . art. f. sing. annonce que *prudence* est déterm.
prudence . . s. comm. f. sing., suj. de *contribue*.
contribue . . v. neut. au prés. de l'indic. 3. pers. du sing., 1. conj.
au . . . . . art. contr. : *à*, prép.; *le*, art. m. sing. annonce que *succès* est déterm.
succès. . . . s. comm. m. sing. rég. indir. de *contribue*.
Une . . . . adj. num. card. f. sing., déterm. *action*.
mauvaise . . adj. qualific. f. sing., qualif. *action*.
action . . . s. comm. f. sing., suj. de *est suivie*.
est suivie . . v. pass. au prés. de l'indic. 3. pers. du sing., 4. conj.

du . . . . . art. contr. : *de*, prép.; *le*, art. m. sing. annonce que *repentir* est déterm.

repentir. . . s. comm. m. sing., rég. indir. de *est suivie*.

La . . . . art. f. sing. annonce que *hardiesse* est déterm.

hardiesse . . s. comm. f. sing., suj. de *convient*.

convient . . v. neut. au prés. de l'indic. 3. pers. du sing., 2. conj.

au . . . . . art. contr. : *à*, prép ; *le*, art. m. sing. annonce que *génie* est déterm.

génie. . . . s. comm. m. sing., rég. indir. de *convient*.

César . . . s. prop. m. sing., suj. de *combattit*.

combattit . . v. act. pris neutral. au passé déf. 3. pers. du sing., 4. conj.

contre . . . prép.

Pompée. . . s. prop. m. sing., rég. indir. de *combattit*.

Anacharsis s. prop. m. sing., suj. de *alla*.

alla . . . . v. neut. au passé déf. 3. pers. du sing., 1. conj.

en . . . . . prép.

Grèce. . . . s. prop. f. sing., rég. indir. de *alla*.

Apelle . . . s. prop. m. sing., suj. de *excellait*.

excellait . . v. neut. à l'imparf. de l'indic. 3. pers. du sing., 1. conj.

dans . . . . prép.

la . . . . . art. f. sing. annonce que *peinture* est déterm.

peinture. . . s. comm. f. sing., rég. indir. de *excellait*.

La . . . . . art. f. sing. annonce que *jeunesse* est déterm.

jeunesse . . . s. comm. f. sing., suj. de *est embellie*.

est embellie. v. pass. au prés. de l'ind. 3. pers. du sing., 2. c.

par . . . . prép.

les . . . . . art. f. pl. annonce que *grâces* est déterm.

grâces. . . . s. comm. f. pl. rég. indir. de *est embellie*.

Trois cents . adj. num. card. m. pl. déterm. *Spartiates*.

Spartiates . s. comm. m. pl., suj. de *périrent*.

périrent . . v. neut. au passé déf. 3. pers. du pl., 2. conj.

pour . . . . prép.
la . . . . . art. f. sing. annonce que *patrie* est déterm.
patrie. . . . s. comm. f. sing., rég. indir. de *périrent*.
Le . . . . . art. m. sing. annonce que *méchant* est déterm.
méchant . . adj. qualific. m. sing. pris substantiv., suj. de *agit*.
agit . . . . v. neut. au prés. de l'indic. 3. pers. du sing., 2. conj.
contre . . . prép.
sa . . . . . adj. poss. f. sing. déterm. *conscience*.
conscience. . s. comm. f. sing., rég. indir. de *agit*.

Analysez de même :

Le doute conduit à la vérité. La force cède à la valeur. Les grandes pensées viennent du cœur. Des pays immenses étaient inconnus aux anciens. Nous naissons dans les pleurs ; nous vivons dans les plaintes, et nous mourons dans les regrets. Euripide et Sophocle contribuèrent à la gloire des Athéniens. Une belle pensée bien exprimée plaît dans tous les temps. Des sources limpides coulaient à travers les prairies.

EXERCICE XI.

Régime indirect du verbe exprimé par des pronoms.

Mon frère me succède. Il nous a parlé. Ton imprudence te nuira. Une honnête aisance vous suffit. Nous lui répondîmes. La campagne leur plaît. Cette maison touche à la mienne. Nous convenons à ceux-ci, et nous déplaisons à ceux-là. Il répond mal aux uns, et il désobéit aux autres. J'ai vu vos parents, à qui vous avez écrit hier. Vous vaincrez les ennemis contre qui vous combattez. Il a obtenu la place à laquelle il aspirait..

Mon. . . . . adj. poss. m. sing., déterm. *frère*.
Frère. . . . . s. comm. m. sing., suj. de *succède*.
me. . . . . . pron. pers., 1. pers. du m. sing., rég. indir. de *succède*.
succède. . . v. neut. au prés. de l'ind., 3. pers. du sing., 1. conj.
Il. . . . . . pron. pers., 3. pers. du m. sing., suj. de *a parlé*.
nous. . . . . pron. pers., 1. pers. du m. pl., rég. indir. de *a parlé*.
a parlé. . . . v. neut. au passé indéf., 3. pers. du sing., 1. conj.
Ton. . . . . adj. poss. m. sing. employé par euphonie pour le fém. *ta*, déterm. *imprudence*.
imprudence. . s. comm. f. sing., suj. de *nuira*.
te. . . . . . pron. pers., 2. pers. du sing., rég. indir. de *nuira*.
nuira. . . . v. neut. au fut. simpl., 3. pers. du sing., 4. c.
Une. . . . . adj. num. card. f. sing., déterm. *aisance*.
honnête. . . adj. qualific. f. sing., qualifie *aisance*.
aisance. . . s. comm. f. sing., suj. de *suffit*.
vous. . . . . pron. pers., 2. pers. du pl., rég. indir. de *suffit*.
suffit. . . . v. neut. au prés. de l'ind., 3. pers. du sing., 4. conj.
Nous. . . . pron. pers., 1. pers. du m. pl., suj. de *répondîmes*.
lui. . . . . . pron. pers., 3. pers. du m. sing., rég. indir. de *répondîmes*.
répondîmes. v. neut. au passé déf., 1. pers. du pl., 4. conj.

La. . . . . . art. fém. sing., annonce que *campagne* est déterm.

campagne. . s. comm. f. sing., suj. de *plaît*.

leur. . . . . pron. pers., 3. pers. du m. pl., rég. indir. de *plaît*.

plaît.. . . . v. neut. au prés. de l'ind., 3. pers. du sing., 4. conj.

Cette. . . . . adj. démonst. f. sing., déterm. *maison*.

maison. . . s. comm. f. sing., suj. de *touche*.

touche. . . . v. act. pris neutral. au prés. de l'ind., 3. pers. du sing., 1. conj.

à. . . . . . prép.

la mienne. . pron. poss. f. sing., rég. indir. de *touche*.

Nous. . . . pron. pers., 1. pers. du m. pl., suj. de *convenons*.

convenons. . v. neut. au prés. de l'ind., 1. pers. du pl., 2. conj.

à. . . . . . prép.

ceux-ci, . . pron. démonst., 3. pers. du m. pl., rég. indir. de *convenons*.

et. . . . . . conj.

nous. . . . . pron. pers., 1. pers. du m. pl., suj. de *déplaisons*.

déplaisons. . v. neut. au prés. de l'ind., 1. pers. du pl., 4. conj.

à. . . . . . prép.

ceux-là. . . pron. démonst., 3. pers. du m. pl., rég. indir. de *déplaisons*.

Il. . . . . . pron. pers., 3. pers. du m. sing., suj. de *répond*.

répond . . . v. act. pris neutral. au prés. de l'ind., 3. pers. du sing., 4. conj.

mal. . . . . adv. modifie *répond*.

à. . . . . . . prép.

les uns, . . pron. indéf., 3. pers. du m. pl., rég. indir. de *répond*.

. . . . . . conjonct.
. . . . . . pron. pers., 3. pers. du m. sing., suj. de *désobéit*.
sobéit. . . v. neut. au prés. de l'ind., 3. pers. du sing., 2. conj.
. . . . prép.
s autres. . pron. indéf., 3. pers. du m. pl., rég. indir. de *désobéit*.
Je. . . . . . pron. pers. 1. pers. du m. sing. suj. de *ai vu*.
ai vu. . . . v. act. au pass. indéf., 1. pers. du sing., 3. c.
vos. . . . . adj. poss. m. pl., déterm. *parents*.
parents . . s. comm. m. pl., rég. dir. de *ai vu*.
à. . . . . . prép.
qui. . . . . . pron. relat., 3. pers. du m. pl., rég. indir. de *avez écrit*; son antécéd. est *parents*.
vous. . . . . pron. pers., 2. pers. du m. pl., suj. de *avez écrit*.
avez écrit. . v. act. pris neutral. au pass. indéf., 2. pers. du pl., 4. conj.
hier. . . . . adv. modifie *avez écrit*.
Vous . . . . pron. pers., 2. pers. du m. pl., suj. de *vaincrez*.
vaincrez. . . v. act. au futur simpl., 2. pers. du pl., 4. conj.
les. . . . . . art. m. pl., annonce que *ennemis* est déterm.
ennemis. . . s. comm. m. pl., rég. dir. de *vaincrez*.
contre. . . . prép.
qui. . . . . . pron. relat., 3. pers. du m. pl., rég. indir. de *combattez*; son antécéd. est *ennemis*.
vous. . . . . pron. pers., 2. pers. du m. pl., suj. de *combattez*.
combattez. . v. act. pris neutral. au prés. de l'ind., 2. pers. du pl., 4. conj.
Il. . . . . . pron. pers., 3. pers. du m. sing., suj. de *a obtenu*.
a obtenu. . . v. act. au passé indéf., 3. pers. du sing. 2. c.

la.	art. fém. sing., annonçant que *place* est déterm.
place.. . . .	s. comm. f. sing., rég. dir. de *a obtenu*.
à.	prép.
laquelle. . .	pron. relat., 3. pers. du f. sing., rég. indir. de *aspirait*; son antécéd. est *place*.
il.	pron. pers., 3. pers. du m. sing., suj. de *aspirait*.
aspirait. . .	v. neut. à l'imparf. de l'ind., 3. pers. du sing., 1. conj.

Analysez de même :

Tu me souris. Cette maison nous conviendrait. Nous te pardonnerons. Cette proposition vous agrée. Ils lui ont résisté. Les mauvaises sociétés leur déplaisent. Mes amis sont estimés des vôtres. L'hypocrite ne (*a*) ménage personne : il parle contre celui-ci, et il agit contre celui-là. Il manque à chacun de ses devoirs. Il n'est aimé de personne. Vous respectez les maîtres de qui vous dépendez. Nous adorons Dieu, à qui nous devons tout. On n'aime pas (*b*) les personnes par qui on a été offensé. Nous surmontons les mauvais penchants auxquels nous résistons.

EXERCICE XII,

Dans lequel le même pronom figure tantôt comme régime direct, et tantôt comme régime indirect.

Je me disposais au travail. Je me disposais un appar-

(*a*) *Ne*, adv. de négation.

(*b*) *Ne pas*, adv. de négation.

tement. Tu te refuses à un arrangement. Tu te refuses le nécessaire. Il se proposera pour modèle. Il se proposera une difficulté. Nous nous adressâmes au roi. Nous nous adressâmes des reproches. Vous vous rendez à mes désirs. Vous vous rendez service. Ils se livrèrent à l'ennemi. Ils se livrèrent un combat sanglant.

Je . . . . . pron. pers., 1. pers. du m. sing., suj. de *disposais.*
me . . . . . pron. pers. du m. s., rég. dir. de *disposais.*
disposais . . v. pron. à l'imparf. de l'ind., 1. pers. du sing., 1. conj.
au . . . . . art. contr.: *à*, prép.; *le*, art. m. sing., annonce que *travail* est déterm.
travail. . . . s. comm. m. sing., rég. ind. de *disposais.*
Je . . . . . pron. pers., 1. pers. du masc. sing., suj. de *disposais.*
me . . . . . pron. pers., 1. pers. du m. sing., rég. ind. de *disposais.*
disposais . . v. pron. à l'imparf. de l'ind., 1. pers. du sing., 1. conj.
un . . . . . adj. num. card. m. sing. dét. *appartement.*
appartement. s. comm. m. sing., rég. dir. de *disposais.*
Tu . . . . . pron. pers., 2. pers. du m. sing., suj. de *refuses.*
te . . . . . . pron. pers., 2. pers. du m. sing., rég. dir. de *refuses.*
refuses . . . v. pron. au prés. de l'ind., 2. pers. du sing., 1. conj.
à . . . . . . prép.
un . . . . . adj. num. card. m. sing. déterm. *arrangement.*
arrangement. s. comm. m. sing., rég. ind. de *refuses.*

Tu . . . . . pron. pers., 2. pers. du m. sing., suj. de *refuses*.

te . . . . . . pron. pers., 2. pers. du m. sing., rég. ind. de *refuses*.

refuses . . . v. pron. au prés. de l'ind., 2. pers. du sing., 1. conj.

le . . . . . . art. m. sing., annonce que *nécessaire* est déterm.

nécessaire. . adj. qualific. m. sing., pris substantiv., rég. dir. de *refuses*.

Il . . . . . pron. pers., 3. pers. du masc. sing., suj. de *proposera*.

se . . . . . pron. pers., 3. pers. du masc. sing., rég. dir. de *proposera*.

proposera. . v. pron. au futur simple, 3. pers. du sing., 1. conj.

pour . . . . prép.

modèle. . . s. comm. m. sing., rég. ind. de *se proposera*.

Il . . . . . pron. pers., 3. pers. du m. sing., suj. de *proposera*.

se . . . . . pron. pers., 3. pers. du m. sing., rég. ind. de *proposera*.

proposera . v. pron. au fut. simple, 3. pers. du sing., 1. conj.

une . . . . . adj. num. card. f. sing., déterm. *difficulté*.

difficulté. . s. comm. f. sing., rég. dir. de *proposera*.

Nous . . . pron. pers., 1. pers. du m. pl., suj. de *adressâmes*.

nous . . . . pron. pers., 1. pers. du m. pl., rég. dir. de *adressâmes*.

adressâmes. v. pron. au passé déf., 1. pers. du pl., 1. conj.

au . . . . . art. contr.: *à*, prép.; *le*, art. m. sing., annonce que *roi* est déterm.

roi . . . . . . s. comm. m. sing., rég. indir. de *adressâmes*.
Nous . . . pron. pers., 1. pers. du m. pl., suj. de *adressâmes*.
nous . . . . pron. pers., 1. pers. du m. pl., rég. indir. de *adressâmes*.
adressâmes. v. pron. au passé déf., 1. pers. du pl. 1. conj.
des . . . . . art. contr. : *de*, prép. prise dans un sens partitif; *les*, art. m. pl., annonce que *reproches* est déterm.
reproches . . s. comm. m. pl., rég. dir. de *adressâmes*.
Vous . . . pron. pers., 2. pers. du m. plur., suj. de *rendez*.
vous . . . . pron. pers., 2. pers. du m. pl., rég. dir. de *rendez*.
rendez . . . v. pron. au prés. de l'ind., 2. pers. du pl., 4. conj.
à . . . . . . prép.
mes . . . . adj. poss. m. pl., déterm. *désirs*.
désirs . . . . s. comm. m. pl., régime indir. de *rendez*.
Vous . . . . pron. pers., 2. pers. du m. pl., suj. de *rendez*.
vous . . . . pron. pers., 2. pers. du m. pl. rég. indir. de *rendez*.
rendez . . . v. pron. au prés. de l'ind., 2. pers. du pl., 4. conj.
service. . . . s. comm. m. sing., rég. dir. de *rendez*.
Ils . . . . . pron. pers., 3. pers. du m. pl., suj. de *livrèrent*.
se . . . . . pron. pers., 3. pers. du m. pl., rég. dir. de *livrèrent*.
livrèrent . . v. pron. au passé déf., 3. pers. du pl., 1. c.
à . . . . . . prép.
le . . . . . . art. m. sing., annonce que *ennemi* est déterm.
ennemi. . . s. comm. m. sing., rég. indir. de *livrèrent*.

Ils . . . . . pron. pers., 3. pers. du m. pl., suj. de *livrèrent.*

se . . . . . pron. pers. 3. pers. du m. pl. rég. indir. de *livrèrent.*

livrèrent . . v. pron. au passé déf., 3. pers. du pl. 1. conj.

un . . . . . adj. num. card. m. sing. déterm. *combat.*

combat . . . s. comm. m. sing., rég. dir. de *livrèrent.*

sanglant . . adj. qualific. m. sing., qualif. *combat.*

Analysez de même :

Je m'attache à mes élèves. Je m'attache mes élèves par des procédés. Tu t'es couvert de gloire. Tu t'es couvert le visage. Il se réserve pour une meilleure occasion. Il se réserve une ressource. Nous nous exposons au péril. Nous nous exposons nos craintes. Vous vous opposez à leur rage. Vous vous opposez de bonnes raisons. Ils se sont prêtés à la plaisanterie. Ils se sont prêté des livres.

EXERCICE XIII.

Deux régimes indirects qui dépendent d'un même verbe.

J'ai passé par Bordeaux et par Lyon. Nous parlons de vous et de lui. Il est allé en Turquie par mer, et il s'est rendu en Italie par terre. Il est resté longtemps dans l'un et dans l'autre de ces pays. On convient sans peine de ses torts, quand ils sont légers. Les Français se sont emparés de la Hollande dans le fort de l'hiver. Dieu accorde des récompenses aux hommes selon leurs mérites.

Je . . pron. pers. 1. pers. du m. sing., suj. de *ai passé.*

ai passé . . v. act. pris neutral. au passé indéf. 1. pers. du sing., 1. conj.
par . . . . prép.
Bordeaux . s. prop., rég. indir. de *ai passé.*
et . . . . . conjonct.
par . . . . prép.
Lyon. . . s. prop., rég. indir. de *ai passé.*
Nous . . . pron. pers. 1. pers. du m. pl., suj. de *parlons.*
parlons . . v. neut. au prés. de l'indic. 1. pers. du pl., 1. conj.
de . . . . . prép.
vous . . . . pron. pers. 2. pers. du m. pl., rég. indir. de *parlons.*
et . . . . . conjonct.
de . . . . . prép.
lui. . . . . pron. pers. 3. pers. du m. sing., rég. indir. de *parlons.*
Il . . . . pron. pers. 3. pers. du m. sing., suj. de *est allé.*
est allé . . v. neut. au passé indéf. 3. pers. du sing., 1. conj.
en . . . . prép.
Turquie . . s. prop. f. sing., rég. indir. de *est allé.*
par . . . . prép.
mer . . . . s. comm. f. sing., rég. indir. de *est allé.*
et . . . . . conjonct.
il . . . . . pron. pers. 3. pers. du m. sing., suj. de *s'est rendu.*
se . . . . . pron. pers. 3. pers. du m. sing., rég. dir. de *est rendu.*
est rendu . . v. pron. au passé indéf. 3. pers. du sing., 4. conj.
en . . . . prép.
Italie . . . s. prop. f. sing., rég. indir. de *s'est rendu.*

par . . . . prép.
terre. . . . s. comm. f. sing., rég. indir. de *s'est rendu*.
Il . . . . . pron. pers. 3. pers. du m. sing., suj. de *est resté*.
est resté . . v. neut. au passé indéf. 3. pers. du sing., 1. conj.
long-temps . loc. adv., modif. *est resté*.
dans . . . prép.
l'un . . . . pron. indéf. 3. pers. du m. sing., rég. indir. de *est resté*.
et . . . . . conj.
dans . . . . prép.
l'autre . . . pron. indéf. 3. pers. du m. sing., rég. indir. de *est resté*.
de . . . . . prép.
ces . . . . . adj. démonst. m. pl. déterm. *pays*.
pays. . . . s. comm. m. pl., rég. indir. de *l'un* et de *l'autre*.
On . . . . pron. indéf. 3. pers. du m. sing., suj. de *convient*.
convient . . v. neut. au prés. de l'indic. 3. pers. du sing., 2. conj.
sans . . . . prép.
peine . . . . s. comm. f. sing., rég. indir. de *convient*.
de . . . . . prép.
ses . . . . . adj. poss. m. pl. déterm. *torts*.
torts, ... s. comm. m. pl., rég. indir. de *convient*.
quand . . . conjonct.
ils . . . . . pron. pers., 3. per. du m. pl., suj. de *sont*.
sont . . . . v. subst., au prés. de l'indic., 3. pers. du pl., 4. conj.
légers. . . . adj. qualific. m. pl. qualif. *ils*.
Les . . . . art. m. pl. annonce que *Français* est déterm.
Français . . s. comm. m. pl., suj. de *se sont emparés*.
se . . . . . . pron. pers., 3. pers. du m. pl., rég. dir. de *sont emparés*.

sont emparés v. pron. au passé indéf. 3. pers. du pl., 1. c.
de . . . . . prép.
la . . . . . art. f. sing. annonce que *Hollande* est déterm.
Hollande . . s. prop. f. sing. rég. indir. de *se sont emparés.*
dans . . . . prép.
le . . . . . . art. m. sing., annonce que *fort* est déterm.
fort . . . . . adj. qualific., m. sing. pris substantiv. rég. indir. de *sont emparés.*
de . . . . . prép.
le . . . . . . art. m. sing. annonce que *hiver* est déterm.
hiver . . . . s. comm. m. sing., rég. indir. de *fort.*
Dieu . . . . s. prop. m. sing., suj. de *accorde.*
accorde . . . v. act. au prés. de l'indic., 3. pers. du sing., 1. conj.
des . . . . . art. contr. : *de*, prép. prise dans un sens partitif; *les*, art. f. pl., annonce que *récompenses* est déterm.
récompenses . s. comm. f. pl., rég. dir. de *accorde.*
aux . . . . art. contr. : *à*, prép., *les*, art. m. pl., annonce que *hommes* est déterm.
hommes . . s. comm. m. pl., rég. indir. de *accorde.*
selon . . . . prép.
leurs . . . . adj. poss. m. pl., déterm. *mérites.*
mérites. . . s. comm. m. pl., rég. indir. de *accorde.*

Analysez de même :

Nous irons en Allemagne par l'Italie. Miltiade combattit contre les Perses à Marathon. L'Amérique a été découverte par Colomb sous le règne d'Isabelle. La langue française est parlée en Europe par tous les hommes éclairés. Elle a péri de chagrin à la fleur de son âge. Le bon goût a commencé en France sous

Louis treize. Richelieu fut craint des grands pendant toute sa vie. Le sage jouit avec modération des plaisirs du monde. Les hommes aspirent aux richesses et aux honneurs.

EXERCICE XIV.

Infinitif employé comme sujet, comme régime direct et comme régime indirect d'un verbe (22, 25, 29).

Etudier est agréable. Travailler fortifie l'esprit et le corps. Mourir pour sa patrie est honorable. Vaincre ses passions est glorieux. Rien ne peut arrêter le temps dans sa marche. Le véritable esprit sait se plier à tout. Télémaque veut parler à Mentor. Il songe à s'éloigner de Calipso. Nous nous avançâmes pour combattre. Il venait de succomber à sa douleur.

Etudier . . v. act. pris neutral. au prés. de l'inf. 1. conj., suj. de *est.*

est . . . . . v. subst. au prés. de l'indic. 3. pers. du sing., 4. conj.

agréable. . . adj. qualific. m. sing., qualif. *étudier.*

Travailler . v. neut. au prés. de l'infin. 1. conj., suj. de *fortifie.*

fortifie . . . v. act. au prés. de l'indic. 3. pers. du sing., 1. conj.

le . . . . . art. m. sing. annonce que *esprit* est déterm.

esprit . . . s. comm. m. sing., rég. dir. de *fortifie.*

et . . . . . conjonct.

le . . . . . *art.* m. sing. annonce que *corps* est déterm.

corps. . . . s. comm. m. sing., rég. de *fortifie.*

Mourir . . . v. neut. au prés. de l'inf. 2. conj. suj. de *est.*

pour . . . . prép.
sa . . . . . adj. poss. f. sing. déterm. *patrie*.
patrie . . . s. comm. f. sing , rég. indir. de *mourir*.
est . . . . v. subst. au prés. de l'indic. 3. pers. du s., 4. conj.
honorable. . adj. qualific. m. s., qualific *mourir*.
Vaincre . . v. act. au prés. de l'inf. 4. conj., suj. de *est*.
ses . . . . adj. poss. f. pl. déterm. *passions*.
passions . . s. comm. f. pl., rég. dir. de *vaincre*.
est . . . . . v. subst. au prés. de l'indic. 3. pers. du sing., 4. conj.
glorieux. . . adj. qualific. m. sing., qualif. *vaincre*.
Rien . . . . s. comm. m. sing., suj. de *peut*.
ne . . . . adv. de nég.
peut . . . . v. act. au prés. de l'indic. 3. pers. du sing., 3. conj
arrêter . . . v. act. au prés. de l'inf. 1. conj., rég. dir. de *peut*.
le . . . . . art. masc. sing. annonce que *temps* est déterm.
temps . . . s. comm. m. sing., rég. dir. de *arrêter*.
dans . . . . prép.
sa . . . . . adj. poss. f. sing. déterm. *marche*.
marche. . . s. comm. f. sing., rég. indir. de *arrêter*.
Le . . . . . art. m. sing. annonce que *esprit* est déterm
véritable . . adj. qualific. m. sing., qualif. *esprit*.
esprit . . . s. comm. m. sing., suj. de *sait*.
sait . . . . v. act. au prés. de l'indic. 3. pers. du sing., 3. conj.
se . . . . . pron. pers. 3. pers. du m. sing., rég. dir. de *plier*.
plier . . . v. pron. au prés. de l'inf. 1. conj., rég. dir. de *sait*.
à . . . . . prép.

tout. . . . . s. m. sing., rég. indir. de *se plier*.
Télémaque. s. prop. m. sing., suj. de *veut*.
veut . . . . v. act. au prés. de l'indic. 3. pers. du sing., 3. conj.
parler . . . v. neut. au prés. de l'inf. 1. conj., rég. dir. de *veut*.
à . . . . . prép.
Mentor. . . s. prop. m. sing. rég. indir. de *parler*.
Il . . . . . pron. pers. 3. pers. du m. sing., suj. de *songe*.
songe . . . v. neut. au prés. de l'indic. 3. pers. du sing., 1. conj.
à . . . . . prép.
se . . . . . pron. pers. 3. pers. du m. sing., rég. dir. de *éloigner*.
éloigner . . v. pron. au prés. de l'inf. 1. conj., rég. indir. de *songe*.
de . . . . . prép.
Calypso. . . s. prop. f. sing., rég. indir. de *s'éloigner*.
Nous . . . pron. pers. 1. pers. du m. plur., suj. de *avançâmes*.
nous . . . . pron. pers., 1. pers. du m. pl., rég. dir. de *avançâmes*.
avançâmes . v. pron. au passé déf. 1. pers. du pl., 1. conj.
pour . . prép.
combattre. . v. act. pris neut. au prés. de l'inf. 4. conj., rég. indir. de *nous avançâmes*.
Il . . . . . pron. pers. 3. pers. du m. sing., suj. de *venait*.
venait . . . v. neut. à l'imparf. de l'indic. 3. pers. du sing., 2. conj.
de . . . . . prép.
succomber . v. neut. au prés. de l'inf. 1. conj., rég. indir. de *venait*.
à . . . . . prép.

sa	adj. poss. f. sing. déterm. *douleur*.
douleur. . .	s. comm. f. sing., rég. indir. de *succomber*.

Analysez de même :

Pardonner est digne d'un grand cœur. Trop penser à ses peines les aggrave. Se plaindre de la fortune est inutile; la changer ne nous est pas donné. L'égoïste voudrait dominer sur tout. L'homme sensé sait parler et se taire à propos. L'ambitieux ne peut se contraindre. Travaillons à devenir meilleurs. Charlemagne venait de descendre dans la tombe, quand les Normands songèrent à ravager la France.

EXERCICE XV.

Infinitif employé comme régime direct, quoique précédé d'une préposition (30).

Il cherche à mériter votre estime. Il craint d'immoler une fille chérie. Il commençait à détester les faux biens. Il néglige de remplir des devoirs sacrés. Cérès enseigna à Triptolème à cultiver la terre. Il se proposait d'égaler Ulysse en sagesse. Il redoutait d'aborder dans ses états. Il nous apprit à dédaigner la mollesse.

Il	pron. pers. 3. pers. du m. sing., suj. de *cherche*.
cherche . . .	v. act. au prés. de l'indic. 3. pers. du sing., 1. conj.
à	prép.
mériter . .	v. act. au prés. de l'inf. 1. conj., rég. dir. de *cherche*.

votre . . . adj. poss. f. sing. déterm. *estime.*
estime . . . s. comm. f. sing., rég. dir. de *mériter.*
Il . . . . . pron. pers. 3. pers. du m. sing., suj. de *craint.*
craint . . . v. act. au prés. de l'indic. 3. pers. du sing., 4. conj.
de . . . . . prép.
immoler . . v. act. au prés. de l'inf. 1. conj., rég. dir. de *craint.*
une . . . . adj. num. card. f. sing. déterm. *fille.*
fille . . . . s. comm. f. sing., rég. dir. de *immoler.*
chérie. . . . part. pass. f. sing., qualif. *fille.*
Il . . . . . pron. pers. 3. pers. du m. sing., suj. de *commence.*
commence . v. act. au prés. de l'indic. 3. pers. du sing., 1. conj.
à . . . . . prép.
détester . . v. act. au prés. de l'inf. 1. conj., rég. dir. de *commence.*
les . . . . art. m. pl. annonce que *biens* est déterm.
faux . . . . adj. qualific. m. pl., qualif. *biens.*
biens. . . . s. comm. m. pl., rég. dir. de *détester.*
Il . . . . . pron. pers. 3. pers. du m. sing., suj. de *néglige.*
néglige . . . v. act. au prés. de l'indic. 3. pers. du sing., 1. conj.
de . . . . . prép.
remplir . . v. act. au prés. de l'inf. 2. conj., rég. dir. de *néglige.*
des . . . . art. contr. : *de*, prép. prise dans un sens partitif; *les*, art. m. pl. annonce que *devoirs* est déterm.
devoirs . . . s. comm. m. pl., rég. dir. de *remplir.*
sacrés. . . . v. act. au part. pass. m. pl., qualif. *devoirs.*
Cérès . . . . s. prop. f. sing., suj. de *enseigna.*

enseigna . . v. act. au passé déf. 3. pers. du sing., 1. conj.
à . . . . . prép.
Triptolème . s. prop. m. sing., rég. indir. de *enseigna*.
à . . . . . prép.
cultiver . . v. act. au prés. de l'inf. 1. conj., rég. dir. de *enseigna*.
la . . . . . art. f. sing. annonce que *terre* est déterm.
terre . . . s. comm. f. sing., rég. dir. de *cultiver*.
Il . . . . . pron. pers. 3. pers. du m. sing., suj. de *se proposait*.
se . . . . . pron. pers. 3. pers. du m. sing., rég. indir. de *se proposait*.
proposait . . v. pron. à l'imparf. de l'indic. 3. pers. du sing., 1. conj.
de . . . . . prép.
égaler . . . v. act. au prés. de l'inf. 1. conj., rég. dir. de *se proposait*.
Ulysse . . . s. prop. m. sing., rég. dir. de *égaler*.
en . . . . . prép.
sagesse . . . s. comm. f. sing rég. indir. de *égaler*.
Il . . . . . pron. pers. 3. pers. du m. sing., suj. de *redoutait*.
redoutait . . v. act. à l'imparf. de l'indic. 3. pers. du sing., 1. conj.
de . . . . . prép.
aborder . . v. act. pris neutral. au prés. de l'inf. 1. conj., rég. dir. de *redoutait*.
dans . . . prép.
ses . . . . adj. poss. m. pl. déterm. *états*.
états. . . . s. comm. m. pl., rég. indir. de *aborder*.
Il . . . . . pron. pers. 3. pers. du m. sing., suj. de *apprit*.
nous . . . . pron. pers. 1. pers. du m. pl., rég. indir. de *apprit*.
apprit . . . v. act. au passé déf. 3. pers. du sing., 4. c.

à . . . . . prép.

dédaigner . . v. act. au prés. de l'inf., 1. conj., rég. dir. de *apprit*.

la . . . . . art. fém. sing. annonce que *mollesse* est déterm.

mollesse. . . s. comm. f. sing., rég. de *dédaigner*.

Analysez de même :

La religion nous apprend à pardonner. Nous désirons d'acquérir des richesses, et nous ne craignons pas de les dissiper follement, quand nous commençons à en avoir. L'homme ne cesse de soupirer après les biens de ce monde, et il néglige de songer à ceux de l'autre monde. Nous nous proposons d'exécuter mille projets, comme si nous espérions de vivre toujours.

EXERCICE XVI.

Adverbe employé comme sujet, comme régime direct et comme régime indirect (23, 26, 28).

Beaucoup de monde sacrifie l'avenir au présent. Peu de bien suffit à l'homme sensé. Infiniment d'esprit n'annonce pas toujours beaucoup de bon sens. Racine a moins d'élévation que Corneille, mais il possède plus de naturel. Les richesses ne conviennent pas à beaucoup de gens, si l'on considère le peu d'avantages qu'ils en retirent. Nos troupes se sont emparées d'autant de villes que celles d'Alexandre.

Beaucoup. . adv. pris substantiv., suj. de *sacrifie*.

de . . . . . prép.

monde . . . s. comm. m. sing., rég. indir. de *beaucoup*.
sacrifie . . . v act. au prés. de l'indic., 3. pers. du sing., 1. conj.
le . . . . . . art. m. sing., annonce que *avenir* est déterm.
avenir . . . s. comm. m. sing., rég. dir. de *sacrifie*.
au . . . . . art. contr.: *à*, prép.; *le*, art. m. sing. annonce que *présent* est déterm.
présent. . . adj. qualific. m. sing. pris substantiv., rég. indir. de *sacrifie*.
Peu. . . . . adv. pris substantiv., suj. de *suffit*.
de . . . . . prép.
bien . . . . s. comm. m. sing., rég. indir. de *peu*.
suffit . . . . v. neut. au prés. de l'indic., 3. pers. du sing., 4. conj.
à . . . . . . prép.
le . . . . . . art. m. sing. annonce que *homme* est déterm.
homme . . . s. comm. m. sing., rég. indir. de *suffit*.
sensé. . . . adj. qualific. m. sing., qualif. *homme*.
Infiniment . adv. pris substantiv., suj. de *annonce*.
de . . . . . prép.
esprit . . . . s. comm. m. sing., rég. indir. de *infiniment*.
ne pas . . . adv. de négat.
annonce. . . v. act. au prés. de l'indic., 3. pers. du sing., 1. conj.
toujours . . adv. modifie *annonce*.
beaucoup . . adv. pris substantiv., rég. dir. de *annonce*.
de . . . . . prép.
bon sens. . . s. composé m. sing., rég. indir. de *beaucoup*.
Racine . . . s. prop. m. sing., suj. de *a*.
a. . . . . . v. act. au prés. de l'indic., 3. pers. du sing., 3. conj.
moins. . . . adv. pris substantiv., rég. dir. de *a*.
de . . . . . prép.
élévation . . s. comm. f. sing., rég. indir. de *moins*.

que . . . . . conj.
Corneille . . s. prop. m. sing., suj. de *a*, sous-entendu:
(*a*) . . . . . v. act. au prés. de l'indic., 3. pers. du sing., 3. conj.
(*de*) . . . . prép. prise dans un sens partitif.
(*élévation;*) s. comm. f. sing., rég. dir. de *a* (*a*).
mais . . . . conjonct.
il . . . . . . pron. pers., 3. pers. du m. sing., suj. de *possède*.
possède . . . v. act. au prés. de l'ind., 3. pers. du sing., 1. c.
plus . . . . adv. pris substantiv., rég. dir. de *possède*.
de . . . . . prép.
naturel. . . adj. qualific. m. sing. pris substantiv., rég. indir. de *plus*.
Les . . . . art. f. pl., annonce que *richesses* est déterm.
richesses . . s. comm. f. pl., suj. de *conviennent*.
ne pas . . . adv. de négat.
conviennent . v. neut. au prés. de l'ind., 3. pers. du pl., 2. c.
à . . . . . . prép.
beaucoup . . adv. pris subst., rég. indir. de *conviennent*.
de . . . . . prép.
gens, ... s. comm. m. pl., rég. dir. de *beaucoup*.
si. . . . . . conjonct.
l' . . . . . . lettre euphonique (*b*).
on . . . . . pron. indéf., 3. pers. du m. sing., suj. de *considère*.
considère . . v. act. au prés. de l'ind., 3. pers. du sing., 1. c.
le. . . . . . art. m. sing., annonce que *peu* est déterm.
peu . . . . . adv. pris substantiv., rég. dir. de *considère*.
de. . . . . . prép.
avantages . s. comm. m. pl., rég. indir. de *peu*.

(*a*) Les mots entre ( ) sont sous-entendus.
(*b*) C'est-à-dire, employée pour la douceur de la prononciation.

que . . . . . pron. rel., 3. pers. du m. sing., rég. dir. de *retirent*. Son antécéd. est *avantoges*.

ils . . . . . pron. pers., 3. pers. du m. pl., suj. de *retirent*.

en . . . . . pron. pers., 3. pers. du m. sing., rég. indir. de *retirent*.

retirent . . . v. act. au prés. de l'ind., 3. pers. du pl., 1. c.

Nos . . . . adj. poss. f. pl., déterm. *troupes*.

troupes . . . s. comm. f. pl., suj. de *se sont emparées*.

se. . . . . . pron. pers., 3. pers. du f. pl., rég. dir. de *sont emparées*.

sont emparées v. pron. au passé indéf., 3. pers. du pl., 1. conj.

de . . . . . prép.

autant . . . adv. pris substantiv., rég. indir. de *se sont emparées*.

de . . . . . prép.

villes . . . . s. comm. f. pl. rég. indir. de *autant*.

que . . . . . conjonct.

celles . . . . pron. démonst., 3. pers. du f. pl., suj. de *se sont emparées*, sous-entendu.

de . . . . . prép.

Alexandre . s. prop. m. sing., rég. indir. de *celles*.

(*se*) . . . . . pron. pers., 3. pers. du f. pl., rég. dir. de *sont emparées*, sous-entendu.

(*en*). . . . . pron. pers., 3. pers. du m. sing., rég. indir. de *sont emparées*, sous-entendu.

(*sont emparées*) v. pron. au passé indéf., 3. pers. du pl., 1. conj.

Analysez de même :

Tant de bonté annonce une belle ame. Beaucoup de modestie accompagne rarement beaucoup de mérite. Je connais peu de gens capables de sacrifier leurs intérêts. On ne trouve pas beaucoup de personnes qui unissent bien de l'imagination à beaucoup de bon sens. On pardonne à peu de gens les défauts qu'on a. L'esprit de satire plaît à infiniment de personnes, quoique tout le monde le redoute.

EXERCICE XVII.

Proposition entière figurant comme régime direct (27).

Les anciens savaient que la terre tourne autour du soleil. Mentor leur dit : traitez vos peuples avec humanité, si vous voulez qu'ils vous aiment. Le temps, dit-il, ressemble à un torrent qui détruit tout. Ovide pensait avec raison que l'étude adoucit les mœurs. Les lettres, dit Cicéron, font notre consolation et notre bonheur dans tous les états et à tous les âges.

Les . . . . . art. masc. pl., annonçant que *anciens* est déterm.

anciens . . . adj. qualific. m. pl. pris substantiv., suj. de *savaient.*

savaient. . . v. act. à l'imparf. de l'ind., 3. pers. du pl., 3. conj.; son rég. dir. est la propos. suivante.

que. . . . conjonct.

la. . . . . . art. f. sing., annonce que *terre* est déterm.

terre. . . . . s. comm. f. sing., suj. de *tourne*.

tourne. . . . v. act. pris neutral. au prés. de l'ind., 3. pers. du sing., 1. conj.

autour de. . *autour de*, loc. prép.
le . . . . . art. m. sing., annonce que *soleil* est déterm.
soleil. . . . s. comm. m. sing., rég. indir. de *tourne*.
Mentor. . . s. prop. m. sing., suj. de *dit*.
leur . . . . pron. pers., 3. pers. du m. pl., rég. indir. de *dit*.
dit : . . . . v. act. au prés. de l'ind., 3. pers. du sing., 4. conj.; son rég. dir. est la propos. suivante.
traitez. . . . v. act. à l'impér., 2. pers. du pl., 1. conj.
vos. . . . . adj. poss. m. pl., déterm. *peuples*.
peuples. . . s. comm. m. pl., rég. dir. de *traitez*.
avec. . . . . prép.
humanité, . s. comm. f. sing., rég. indir. de *traitez*.
si. . . . . . conj.
vous. . . . . pron. pers., 2. pers. du m. pl., suj. de *voulez*.
voulez. . . . v. act. au prés. de l'ind., 2. pers. du pl., 3. conj.; son rég. dir. est la proposition suivante.
que. . . . . . conjonct.
ils. . . . . . pron. pers., 3. pers. du m. pl., suj. de *aiment*.
vous. . . . . pron. pers., 2. pers. du m. pl., rég. dir. de *aiment*.
aiment. . . . v. act. au prés. du subj., 3. pers. du pl., 1. conj.
Le. . . . . . art. masc. sing., annonce que *temps* est déterm.
temps, . . . s. comm. m. sing., suj. de *ressemble*.
disait. . . . v. act. à l'imparf. de l'ind., 3. pers. du sing., 4. conj.; son rég. dir. est la proposition, *le temps ressemble*, etc.
il, ... pron. pers., 3. pers. du m. sing., suj. de *disait*.

ressemble. . v. neut. au prés. de l'ind., 3. pers. du sing., 1. conj.

à. . . . . . . prép.

un. . . . . adj. num. card. m. sing., déterm. *torrent*.

torrent . . . s. comm. m. sing., rég. indir. de *ressemble*.

qui. . . . . pron. rel. 3. pers. du m. sing., suj. de *détruit*; son antécéd. est *torrent*.

détruit. . . . v. act. au prés. de l'ind., 3. pers. du sing., 4. conj.

tout. . . . . adj. pris comme s. comm. m. sing., rég. dir. de *détruit*.

Ovide. . . . s. prop. m. sing., suj. de *pensait*.

pensait,. . . v. act. à l'imp. de l'ind., 3. pers. du sing., 1. conj.; son rég. dir. est la proposition suivante.

avec. . . . . prép.

raison,. . . s. comm. f. sing., rég. indir. de *pensait*.

que. . . . . conjonct.

la. . . . . . art. f. sing., annonce que *étude* est déterm.

étude. . . . s. comm. f. sing., suj. de *adoucit*.

adoucit. . . v. act. au prés. de l'ind., 3. pers. du sing., 2. conj.

les . . . . . art. f. pl., annonce que *mœurs* est déterm.

mœurs. . . . s. comm. f. pl., rég. dir. de *adoucit*.

Les. . . . . art. f. pl., annonce que *lettres* est déterm.

lettres, . . . s. comm. f. pl., suj. de *font*.

dit. . . . . . v. act. au prés. de l'ind., 3. pers. du sing., 4. conj.; son rég. dir. est cette proposition : *les lettres font*, etc.

Cicéron, . . s. prop. m. sing., suj. de *dit*.

font. . . . . v. act. au prés. de l'ind., 3. pers. du pl., 4. conj.

notre. . . . . adj. poss. f. sing., déterm. *consolation*.

consolation. s. comm. f. sing., rég. dir. de *font*.

et. . . . . . . conjonct.
notre. . . . adj. poss. m. sing., déterm. *bonheur.*
bonheur. . . s. comm. m. sing., rég. dir. de *font.*
dans. . . . prép.
tous. . . . . adj. indéf. m. pl., déterm. *états.*
les. . . . . . . art. m. pl., annonce que *états* est déterm.
états. . . . . s. comm. m. pl., rég. indir. de *font.*
et. . . . . . . conjonct.
à. . . . . . . prép.
tous. . . . . adj. indéf. m. pl., déterm. *âges.*
les . . . . . art. masc. pl., annonçant que *âges* est déterm.
âges. . . . . s. comm. m. pl., rég. indir. de *font.*

Analysez de même:

Le méchant croit que tous les hommes lui ressemblent. L'homme de bien dit : je crains Dieu avant tout, et je crains ensuite ceux qui ne le craignent pas. Platon pensait que l'espérance est le songe d'un homme éveillé. J'ai perdu ma journée, disait Titus, quand il avait passé un jour sans faire une bonne action.

EXERCICE XVIII.

Substantif, pronom et infinitif employés comme attribut (31, 32).

L'oreille est le chemin du cœur. Le crime est un torrent dont le cours est rapide. La louange outrée est une raillerie. Le moment du péril est celui du courage. Les peines de nos amis sont les nôtres. Estimer quelqu'un est l'égaler à soi. Protéger les méchants est faire tort aux bons.

La. . . . . . art. f. sing., annonçant que *oreille* est déterm.
oreille. . . . s. comm. f. sing., suj. du v. *est*.
est. . . . . . v. subst. au prés. de l'ind., 3. pers. du sing., 4. conj.
le. . . . . . art. m. sing., annonçant que *chemin* est déterm.
chemin. . . . s. comm. m. sing., attribut de *oreille*.
du . . . . . art. contr. : *de*, prép. ; *le*, art. m. sing., annonçant que *cœur* est déterm.
cœur. . . . . s. comm. m. sing., rég. indir. de *chemin*.
Le. . . . . . art. m. sing., annonce que *crime* est déterm.
crime. . . . s. comm. m. sing., suj. de *est*.
est. . . . . . v. subst. au prés. de l'ind., 3. pers. du sing., 4. conj.
un. . . . . . adj. num. card. m. sing., déterm. *torrent*.
torrent. . . . s. comm. m. sing., attribut de *crime*.
dont. . . . . pron. rel. m. sing., rég. indir. de *cours* ; son antécéd. est *torrent*.
le. . . . . . art. masc. sing., annonçant que *cours* est déterm.
cours. . . . . s. comm. m. sing., suj. de *est*.
est. . . . . . v. subst. au prés. de l'ind., 3. pers. du sing., 4. conj.
rapide. . . . adj. qualific. m. sing., qualifie *cours*.
La. . . . . . art. fém. sing., annonçant que *louange* est déterm.
louange. . . s. comm. f. sing, suj. de *est*.
outrée. . . . v. act. au partic. passé, 1. conj., qualifie *louange*.
est. . . . . . v. subst. au prés. de l'ind., 3. pers. du sing., 4. conj.

une . . . . adj. num. card. f. sing., déterm. *raillerie.*
raillerie. . . s. comm. f. sing., attribut de *louange.*
Le. . . . . . art. masc. sing., annonce que *moment* est déterm.
moment. . . s. comm. m. sing., suj. du v. *est.*
du. . . . . . art. contr. : *de*, prép.; *le*, art. m. sing., annonce que *péril* est déterm.
péril. . . . . s. comm. m. sing., rég. indir. de *moment.*
est. . . . . . v. subst. au prés. de l'ind., 3. pers. du sing., 4. conj.
celui. . . . . pron. démonst. m. sing., attribut de *moment.*
du. . . . . . art. contr. : *de*, prép.; *le*, art. m. sing., annonce que *courage* est déterm.
courage. . . s. comm. m. sing., rég. indir. de *celui.*
Les. . . . . art. f. pl., annonce que *peines* est déterm.
peines. . . . s. comm. f. pl., suj. de *sont.*
de. . . . . . prép.
nos. . . . . adj. poss. m. pl., déterm. *amis.*
amis. . . . . s. comm. m. pl., rég. indir. de *peines.*
sont. . . . . v. subst. au prés. de l'ind. 3. pers. du pl., 4. conj.
les nôtres. . pron. poss. f. pl., attribut de *peines.*
Estimer. . . v. act. au prés. de l'inf., 1. conj., suj. de *est.*
quelqu'un. . pron. indéf. 3. pers. du m. sing., rég. dir. de *estimer.*
est. . . . . . v. subst. au prés. de l'ind., 3. pers. du sing., 4. conj.
le. . . . . . pron. pers., 3. pers. du m. sing., rég. dir. de *égaler.*
égaler. . . . v. act. au prés. de l'inf., 1. conj., attribut de *estimer.*
à. . . . . . . prép.
soi. . . . . . pron. pers., 3. pers. du m. sing., rég. indir. de *égaler.*

Protéger. . . v. act. au prés. de l'inf., 1. conj., suj. de *est*.

les. . . . . . art. m. pl., annonçant que *méchants* est déterm.

méchants. . adj. qualific. m. pl. pris substantiv., rég. dir. de *protéger*.

est. . . . . . v. subst. au prés. de l'ind., 3. pers. du sing., 4. conj.

faire. . . . . v. act. au prés. de l'inf., 4. conj., attribut de *protéger*.

tort. . . . . s. comm. m. sing., rég. dir. de *faire*.

aux. . . . . art. contr. : *à*, prép. ; *les*, art. m. pl., annonce que *bons* est déterm.

bons. . . . . adj. qualific. m. pl. pris substantiv., rég. indir. de *faire*.

Analysez de même :

L'opinion est la reine du monde. La crainte est la compagne des désirs. Une noble pitié n'est pas une faiblesse. L'amitié d'un grand homme est un bienfait des Dieux. Le secret d'ennuyer est celui de tout dire. Chacun a son lot : le travail est le nôtre. Mal parler des hommes est médire de soi. Se glorifier d'une faute est l'aggraver.

EXERCICE XIX.

Inversion du sujet (51) *et du régime direct* (52).

L'univers est un temple où siège l'Éternel. La liberté périt où règne la licence. La colère ne sert à rien où manque le pouvoir. Que peuvent contre Dieu tous les rois de la terre? Quels combats se livrent les passions dans un cœur faible! Quelles fautes commettent ceux qui s'y abandonnent, et quels remords ne se préparent-ils pas!

Le . . . . . art. masc. sing., annonce que *univers* est déterm.
univers . . . s. comm. m. sing., suj. de *est*.
est . . . . . v. subst. au prés. de l'ind., 3. pers. du sing., 4. conj.
un . . . . . adj. num. card. m. sing., déterm. *temple*.
temple . . . s. comm. m. sing., attribut de *univers*.
où . . . . . adv., modifie *siége*.
siége . . . . v. neut. au prés. de l'ind., 3. pers. du sing., 1. conj.
le . . . . . . art. fém. sing., annonce que *Éternel* est déterm.
Éternel. . . adj. qualific. m. sing. pris substantiv., suj. de *siége*.
La. . . . . art. f. sing., annonce que *liberté* est déterm.
liberté . . . s. comm. f. sing., suj. de *périt*.
périt . . . . v. neut. au prés. de l'ind., 3. pers. du sing., 2. conj.
où . . . . . adv., modifie *règne*.
règne . . . . v. neut. au prés. de l'indic., 3. pers. du sing., 1. conj.
la . . . . . art. f. sing., annonce que *licence* est déterm.
licence . . . s. comm. f. sing., suj. de *règne*.
La . . . . . art. f. sing., annonce que *colère* est déterm.
colère . . . . s. comm. f. sing., suj. de *sert*.
ne . . . . . adv. nég.
sert. . . . . v. act. pris neutral. au prés. de l'indic., 3. pers. du sing., 2. conj.
à . . . . . . prép.
rien . . . . s. comm. m. sing., rég. indir. de *sert*.

où . . . . . adv., modifie *manque*.

manque . . v. neut. au prés. de l'indic., 3. pers. du sing., 1. conj.

le . . . . . . art. masc. sing., annonce que *pouvoir* est déterm.

pouvoir. . . s. comm. m. sing., suj. de *manque*.

Que . . . . pron. rel., 3. pers. du m. sing., rég. dir. de *peuvent*.

peuvent. . . v. act. au prés. de l'ind., 3. pers. du pl., 3. conj.

contre. . . . prép.

Dieu . . . . s. prop. m. sing., rég. indir. de *peuvent*.

tous . . . . adj. indéf. m. pl., déterm. *rois*.

les . . . . . art. m. pl., annonce que *rois* est déterm.

rois . . . . s. comm. m. pl., suj. de *peuvent*.

de . . . . . prép.

la. . . . . . art. f. sing., annonce que *terre* est déterm.

terre ? . . . s. comm. f. sing. , rég. indir. de *rois*.

Quels . . . adj. indéf. m. pl., déterm. *combats*.

combats. . . s. comm. m. pl., rég. dir. de *se livrent*.

les . . . . . art. f. pl., annonce que *passions* est déterm.

passions . . s. comm. f. pl., suj. de *se livrent*.

se . . . . . . pron. pers., 3. pers. du f. pl., rég. indir. de *livrent*.

livrent . . . v. pron. au prés. de l'ind., 5. pers. du sing. 1. conj.

dans . . . . prép.

un . . . . . adj. num. card. m. sing., déterm. *cœur*.

cœur. . . . . s. comm. m. sing., rég. indir. de *se livrent*.

faible ! . . . adj. qualific. m. sing., qualifie *cœur*.

Quelles . . . adj. indéf. f. pl , déterm. *fautes*.

fautes . . . . s. comm. f. pl., rég. dir. de *commettent*.

commettent. v. act. au prés. de l'ind. , 3. pers. du pl., 4. conj.

eux. . . . : pron. démonst., 3. pers. du m. pl., suj. de *commettent*.
qui . . . . . pron. rel., 3. pers. du m. pl., suj. de *s'abandonnent*; son antécéd. est *ceux*.
se. . . . . . pron. pers., 3. pers. du m. pl., rég. dir. de *abandonnent*.
y . . . . . . pron. pers., 3. pers. du m. sing., rég. ind. de *s'abandonnent*.
abandonnent! v. pron. au prés. de l'ind., 3. pers. du pl., 1. conj.
Et . . . . . conjonct.
quels . . . . adj. indéf. m. pl., déterm. *remords*.
remords . . s. comm. m. pl., rég. dir. de *se préparent*.
ne pas . . . adv. de négat.
se. . . . . . pron. pers., 3. pers. du m. pl., rég. ind. de *préparent*.
préparent . v. pron. au prés. de l'ind., 3. pers. du pl., 1. conj.
ils . . . . . pron. pers., 3. pers. du m. pl., suj. de *se préparent*.

Analysez de même :

L'équité finit où commence le courroux. Le passé est un abîme où se précipitent le présent et l'avenir. Heureux sont les rois que chérissent leurs peuples ! Que peut craindre un grand cœur, quand sa vertu lui reste ? Quels héros la vertu a formés ! Quelles victoires nos troupes ont remportées ! Quels lauriers n'ont-elles pas cueillis !

EXERCICE XX.

Inversion du régime indirect (53).

Aux grands crimes toujours on parvient pas à pas. La gloire des méchants en un moment s'éteint. Le monde avec lenteur marche vers la sagesse. Du monde où t'a placé la sagesse immortelle, attends que dans son sein son ordre te rappelle. A force de choisir on prend souvent le pire. A raconter ses maux souvent on les soulage. L'innocence à rougir n'est pas accoutumée.

Aux . . . . art. contr. : *à*, prép. ; *les*, art. m. pl., annonce que *crime* est déterm.

grands . . . adj. qualific. m. pl., qualif. *crimes*.

crimes . . . s. comm. m. pl., rég. ind. de *parvient*.

toujours . . adv. mod. *parvient*.

on . . . . . pron. ind., 3. pers. du m. sing., suj. de *parvient*.

parvient . . v. neut. au prés. de l'indic., 3. pers. du sing., 2. conj.

pas à pas . . loc. adv. modif. *parvient*.

La . . . . . art. f. sing., annonce que *gloire* est déterm.

gloire . . . . s. comm. f. sing., suj. de *s'éteint*.

des . . . . . art. contr. : *de*, prép. ; *les*, art. m. pl., annonce que *méchants* est déterm.

méchants . . s. comm. m. pl., rég. ind. de *gloire*.

en . . . . . prép.

un . . . . . adj. num. card., masc. sing., déterm. *moment*.

moment . . s. comm. m. sing., rég. ind. de *s'éteint*.

. . . . . . pron. pers., 3. pers. du f. sing., rég. dir. de *éteint*.

int . . . . v. pron. au prés. de l'indic., 3. pers. du sing., 4. conj.

. . . . . . art. m. sing., annonce que *monde* est déterm.

onde . . . s. comm. m. sing., suj. de *marche*.

ec . . . . prép.

teur . . . s. comm. f. sing., rég. ind. de *marche*.

arche . . . v. neut. au prés. de l'ind., 3. pers. du sing., 1. conj.

rs . . . . prép.

. . . . . . art. fém. sing., annonçant que *sagesse* est déterm.

gesse. . . . s. comm. f. sing., rég. ind. de *marche*.

u . . . . . art. contr. : *de*, prép.; *le*, art. m. sing., annonce que *monde* est déterm.

onde . . . s. comm. m. sing., rég. indir. de *rappelle*.

. . . . . adv. modifie *a placé*.

. . . . . pron. pers., 2. pers. du m. sing., rég. dir. de *a placé*.

placé . . . v. act. au passé ind., 3. pers. du sing., 1. conj.

. . . . . art. fém. sing., annonçant que *sagesse* est déterm.

gesse . . . s. comm. f. sing., suj. de *a placé*.

mortelle. . adj. qualific. f. sing., qualif. *sagesse*.

i) . . . . pron. pers., 2. pers. du m. sing., suj. de *attends*.

tends . . . v. act. à l'impér., 2. pers. du sing., 4. conj.; son rég. dir. est la proposition suivante.

te . . . . . conjonct.

ns. . . . prép.

n . . . . . adj. posses. m. sing., déterm. *sein*.

in . . . . s. comm. m. sing., rég. ind. de *rappelle*.

son . . . . . adj. posses. m. sing., déterm. *ordre*.
ordre . . . . s. comm. m. sing., suj. de *rappelle*.
te . . . . . pron. pers., 2. pers. du m. sing., rég. dir. de *rappelle*.
rappelle. . . v. act. au prés. de l'ind., 3. pers. du sing., 1. conj.
A . . . . . prép.
force . . . . s. comm. f. sing., rég. ind. de *prend*.
de . . . . . prép.
choisir . . . v. act. au prés. de l'inf., 2. conj., rég. indir. de *force*.
on . . . . . pron. indéf., 3. pers. du m. sing., suj. de *prend*.
prend . . . v. act. au prés. de l'ind., 3. pers. du sing., 4. conj.
souvent . . . adv. modif. *prend*.
le . . . . . . art. m. sing., annonçant que *pire* est déterm.
pire. . . . . adj. qualif. m. sing. pris substantiv., rég. dir. de *prend*.
A . . . . . prép.
raconter . . v. act. au prés. de l'inf., 1. conj., rég. indir. de *soulage*.
ses . . . . . adj. posses. m. pl., déterm. *maux*.
maux . . . s. comm. m. pl., rég. dir. de *raconter*.
souvent . . . adv. modifie *soulage*.
on . . . . . pron. indéf., 3. pers. du m. sing., suj. de *soulage*.
les . . . . . pron. pers., 3. pers. du m. pl., rég. dir. de *soulage*.
soulage. . . v. act. au prés. de l'indic., 3. pers. du sing., 1. conj.
La . . . . . art. fém. sing., annonce que *innocence* est déterm.
innocence . . s. comm. f. sing., suj. de *est accoutumée*.

. . . . . . prép.

ugir . . . v. neut. au prés. de l'inf., 2. conj., rég. ind. de *est accoutumée*.

e pas . . . adv. de négat.

t accoutumée. v. pass. au prés. de l'indic., 3. pers. du sing., 1. conj.

Analysez de même :

Au travers des (*a*) périls un grand cœur se fait jour. L'Eternel dans sa main tient seul nos destinées. Par l'illustres efforts les grands cœurs se connaissent. D'un bienfait divulgué l'amour-propre s'offense. Trop de promptitude à l'erreur nous expose. Aux iècles des Midas on ne voit point d'Apollon. A vaincre sans péril on triomphe sans gloire. Dans le bonheur d'autrui cherchons notre bonheur.

EXERCICE XXI.

Inversion du régime du sujet (54). *Inversion du régime dépendant d'un autre régime* (55).

Toujours d'un bon auteur la lecture profite. Des esprits médiocres la malice est extrême. Telle est de l'univers la constante harmonie. Des barbares jadis l'instinct religieux respecta dans ses rois les images des Dieux. De la vertu le crime prend souvent la voix. On doit des malheureux respecter la misère. De la prévention vous connaissez l'empire.

Toujours . . adv. modif. *profite*.

(*a*) *Au travers de*, locution prépositive.

de . . . . . prép.
un . . . . . adj. num. card. m. sing., déterm. *auteur*.
bon . . . . . adj. qualific. m. sing., qualif. *auteur*.
auteur . . . s. comm. m. sing., rég. indir. de *lecture*.
la . . . . . art. fém. sing., annonce que *lecture* est déterm.
lecture. . . . s. comm. f. sing., suj. de *profite*.
profite. . . . v. neut. au prés. de l'ind., 3. pers. du sing., 1. conj.
Des . . . . art. contr. : *de*, prép.; *les*, art. m. pl., annonce que *esprits* est déterm.
esprits . . . s. comm. m. pl., rég. indir. de *malice*.
médiocres . adj. qualific. m. pl., qualifie *esprit*.
la . . . . . art. fém. sing., annonce que *malice* est déterm.
malice . . . s. comm. f. sing., suj. de *est*.
est . . . . . v. subst. au prés. de l'ind., 3. pers. du sing., 4. conj.
extrême. . . adj. qualific. f. sing., qualif. *malice*.
Telle . . . . adj. indéf. f. sing., déterm. *harmonie*.
est . . . . . v. subst. au prés. de l'ind., 3. pers. du sing., 4. conj.
de . . . . . prép.
le . . . . . art. masc. sing., annonce que *univers* est déterm.
univers. . . s. comm. m. sing., rég. indir. de *harmonie*.
la . . . . . art. fém. sing., annonce que *harmonie* est déterm.
constante . . adj. qualific. f. sing., qualif. *harmonie*.
harmonie. . s. comm. f. sing., suj. de *est*.
Des . . . . art. contr. : *de*, prép.; *les*, art. m. pl., annonce que *barbares* est déterm.
barbares . . s. comm. m. pl., rég. indir. de *instinct*.
jadis . . . . adv. modif. *respecta*.

l . . . . art. masc. sing., annonce que *instinct* est déterm.

instinct. . . s. comm. m. sing., suj. de *respecta*.

religieux . . adj. qualific. m. sing., qualif. *instinct*.

respecta . . v. act. au passé défin., 3. pers. du sing., 1. conj.

dans . . . . prép.

ses . . . . . adj. poss. m. pl., déterm. *rois*.

rois. . . . . s. comm. m. pl., rég. indir. de *respecta*.

les . . . . . art. fém. pl., annonce que *images* est déterm.

images . . . s. comm. f. pl., rég. dir. de *respecta*.

des . . . . . art. contr.: *de*, prép.; *les*, art. m. pl., annonce que *Dieux* est déterm.

Dieux . . . s. comm. m. pl., rég. indir. de *images*.

De . . . . . prép.

la. . . . . . art. f. sing., annonce que *vertu* est déterm.

vertu . . . . s. comm. f. sing., rég. indir. de *voix*.

le. . . . . . . art. masc. sing., annonce que *crime* est déterm.

crime. . . . s. comm. m. sing., suj. de *prend*.

prend. . . . v. act. au prés. de l'ind., 3. pers. du sing., 4. conj.

souvent. . . adv. modif. *prend*.

la . . . . . . art. f. sing., annonce que *voix* est déterm.

voix . . . . s. comm. f. sing., rég. dir. de *prend*.

On . . . . . pron. indéf., 3. pers. du m. sing., suj. de *doit*.

doit. . . . . v. act. au prés. de l'ind., 3. pers. du sing., 3. conj.

des . . . . . art. contr.: *de*, prép.; *les*, art. m. pl., annonce que *malheureux* est déterm.

malheureux adj. qualific. m. pl., pris substantiv., rég. indir. de *misère*.

respecter . . v. act. au prés. de l'inf., 1. conj., rég. dir. de *doit.*

la . . . . . art. fém. sing., annonce que *misère* est déterm.

misère . . . s. comm. f. sing., rég. dir. de *respecter.*

de . . . . . prép.

la . . . . . art. fém. sing., annonce que *prévention* est déterm.

prévention . s. comm. f. sing., rég. indir. de *empire.*

vous . . . . pron. pers., 2. pers. du m. pl., suj. de *connaissez.*

connaissez . v. act. au prés. de l'ind., 2. pers. du pl., 4. conj.

le . . . . . . art. masc. sing., annonce que *empire* est déterm.

empire . . . s. comm. m. sing., rég. dir. de *connaissez.*

Analysez de même :

De la vertu les lois sont éternelles. Des passions la trop longue habitude malgré nous se change en servitude. D'un service attendu la flatteuse espérance fait porter à l'excès les soins, la complaisance. D'une action défendue on veut cacher la trace. D'une mère offensée on plaindra la douleur. Celui qui met un frein à la fureur des flots, sait aussi des méchants arrêter les complots.

EXERCICE XXII.

Inversion de l'attribut (56).

Les plus grands poètes tragiques sont Corneille et

Racine. La marque d'un génie supérieur est une attention long-temps soutenue. Le plus grand moraliste est Homère, dont le génie est vaste et sublime. La meilleure manière de se venger, est de mépriser les injures. Les plus solides qualités sont celles du cœur. Le caractère d'une expression propre est qu'on ne puisse lui donner qu'un sens (*a*).

Les . . . . art. m. pl. annonce que *poètes* est déterm.
plus . . . . adv. modif. *grands*.
grands . . . adj. qualific. m. pl. qualif. *poètes*.
poètes . . . s. comm. m. pl. attrib. de *Corneille et Racine*.
tragiques . . adj. qualific., m. pl. qualif. *poètes*.
sont . . . . v. subst. au prés. de l'ind., 3. pers. du pl., 4. c.
Corneille . . s. prop. m. sing., suj. de *sont*.
et . . . . . . conj.
Racine. . . s. prop. m. sing., suj. de *sont*.
La . . . . . art. f. sing., annonce que *marque* est déterm.
marque . . s. comm. f. sing., attrib. de *attention*.
de . . . . . prép.
un . . . . . adj. num. card. m. sing. annonce que *génie* est déterm.
génie . . . . s. comm. m. sing., rég. indir. de *marque*.

(*a*) Dans toutes ces phrases et les analogues, on reconnaît que le verbe *être* est précédé de l'attribut, et est suivi du sujet quand on peut, sans changer le sens, mettre avant le verbe *être*, le substantif, ou l'infinitif qui suit, et qui en est le sujet, et placer après ce verbe ce qui précède et en est l'attribut. On peut dire : *Corneille et Racine sont les plus grands poètes tragiques. Une attention soutenue est la marque d'un génie supérieur*. Donc le verbe *être* est précédé de l'attribut et suivi du sujet.

supérieur. . adj. qualific. m. sing., qualif. *génie*.
est . . . . . v. s. au prés. de l'ind., 3. pers. du sing., 4. c.
une . . . . . adj. num. card. f. sing. déterm. *attention*.
attention . . s. comm. f. sing., suj. de *est*.
long-temps. . adv. modif. *soutenue*.
soutenue . . . v. act. au part. passé, 2. conj., qualif. *attention*.

Le . . . . . art. m. sing., annonce que *moraliste* est déterm.
plus . . . . adv. modif. *grand*.
grand . . . adj. qualific. m. sing., qualif. *moraliste*.
moraliste . . s. comm. m. sing., attrib. de *Homère*.
est . . . . . v. subst. au prés. de l'ind., 3. pers. du sing., 4. conj.
Homère, . . s. prop. m. sing., suj. de *est*.
dont . . . . pron. relat., 3. pers. du m. sing., rég. ind. de *génie*. Son antécédent est *Homère*.
le . . . . . . art. m. sing., annonce que *génie* est déterm.
génie . . . . s. comm. m. sing., suj. de *est*.
est . . . . . v. subst. au prés. de l'ind., 3. pers. du sing., 4. conj.
vaste . . . . adj. qualific. m. sing., qualif. *génie*.
et. . . . conj.
sublime. . . adj. qualific. m. sing., qualif. *génie*.

La . . . . . art. f. sing., annonce que *manière* est déterm.
meilleure . . adj. qualific. f. sing., qualif. *manière*.
manière . . s. comm. f. sing., attrib. de *mépriser*.
de . . . . . prép.
se . . . . . pron. pers., 3. pers. du m. sing., rég. dir. de *venger*.
venger . . . v. pron. au prés. de l'inf., 1. conj., rég. ind. de *manière*.
est . . . . . v. subst. au prés. de l'ind., 3. pers. du sing., 4. conj.

. . . . prép.

…oriser . . v. act. au prés. de l'inf., 1. conj., suj. de *est*.

. . . . art. f. pl. annonce que *injures* est déterm.

…ures. . . s. comm. f. pl., rég. dir. de *mépriser*.

. . . . art. f. pl. annonce que *qualités* est déterm.

. . . . adv. modif. *solides*.

…des . . . adj. qualific. f. pl. qualif. *qualités*.

…lités . . . s. comm. f. pl., attrib. de *celles*.

. . . . v. subst. au prés. de l'ind., 3. pers. du pl., 4. conj.

. . . . pron. dém., 3. pers. du f. pl., suj. de *sont*.

. . . . art. contr.: *de*, prép.; *le*, art. m. sing. annonce que *cœur* est déterm.

. . . . s. comm. m. sing., rég. ind. de *celles*.

. . . . art. m. sing., annonce que *caractère* est déterm.

…actère . . s. comm. m. sing., attrib. de la prop. *qu'on ne puisse lui donner qu'un sens*.

. . . . prép.

. . . . adj. num. card. f. sing., déterm. *expression*.

…ression . s. comm. f. sing., rég. ind. de *caractère*.

…opre . . . adj. qualific. f. sing. qualif. *expression*.

. . . . v. subst. au prés. de l'ind., 3. pers. du sing., 4. conj.; son suj. est la proposition suivante.

. . . . conj.

. . . . pron. indéf., 3. pers. du m. sing., suj. de *puisse*.

que . . . adv. modif. *puisse*.

…usse . . . v. act. au prés. du subj., 3. pers. du sing., 3. conj.

. . . . pron. pers., 3. pers. du m. sing., rég. indir. de *donner*.

…nner . . . v. act. au prés. de l'inf., 1. conj., rég. dir. de *puisse*.

un . . . . . adj. num. card. m. sing., déterm. *sens*.
sens. . . . . s. comm. m. sing., rég. dir. de *donner*.

Analysez de même :

La principale vertu de l'homme est la reconnaissance. Le premier hommage décerné au mérite est la haine des sots. Les plus grands historiens latins sont Tacite et Tite-Live. Le plus grand plaisir d'un cœur vertueux est celui de faire des heureux. La meilleure leçon de sagesse est de pratiquer la vertu. Le véritable éloge d'un poète est qu'on retienne ses vers.

EXERCICE XXIII.

Inversion du régime de l'attribut (57). *Inversion du qualificatif, soit adjectif, soit participe* (58).

Des gens d'esprit souvent la folie est le lot. De son propre artifice on est la victime. L'amour de la louange et l'imbécile orgueil de la faible raison sont l'ordinaire écueil. Triomphant ou puni, le coupable est infâme. Nées le plus souvent dans l'orgueil, les vertus humaines y trouvent quelquefois leur tombeau. Semblable à un torrent, le conquérant porte partout le ravage et la désolation.

Des . . . . art. contr. : *de*, prép.; *les*, art. m. pl. annonce que *gens* est déterm.
gens . . . . s. comm. m. pl., rég. indir. de *lot*.
de . . . . . prép.
esprit. . . . s. comm. m. sing., rég. indir. de *gens*.
souvent. . . adv. modif. l'attribut.
la . . . . . art. f. sing., annonce que *folie* est déterm.

folie . . . . s. comm. f. sing., suj. de *est*.
est . . . . v. subst. au prés. de l'ind., 3. pers. du sing., 4. conj.
le . . . . . art. m. sing., annonce que *lot* est déterm.
lot. . . . . s. comm. m. sing., attrib. de *folie*.
De . . . . prép.
son . . . . adj. poss. m. sing., déterm. *artifice*.
propre . . . adj. qualif. m. sing., qualif. *artifice*.
artifice. . . s. comm. m. sing., rég. indir. de *victime*.
on . . . . . pron. indéf., 3. pers. du m. sing., suj. de *est*.
est . . . . . v. subst. au prés. de l'ind., 3. pers. du sing., 4. conj.
la . . . . . art. f. sing., annonce que *victime* est déterm.
victime . . . s. comm. f. sing., attrib. de *on*.
Le . . . . . art. masc. sing., annonce que *amour* est déterm.
amour . . . s. comm. m. sing., suj. de *sont*.
de . . . . . prép.
la . . . . . art. fém. sing., annonce que *louange* est déterm.
louange . . . s. comm. f. sing., rég. indir. de *amour*.
et . . . . . . conj.
le . . . . . . art. masc. sing., annonce que *orgueil* est déterm.
imbécile . . adj. qualific. m. sing., qualif. *orgueil*.
orgueil . . . s. comm. m. sing., suj. de *sont*.
de . . . . . prép.
la . . . . . art. fém. sing., annonce que *raison* est déterm.
faible . . . adj. qualific. f. sing., qualif. *raison*.
raison . . . s. comm. f. sing., rég. indir. de *écueil*.
sont . . . . v. subst. au prés. de l'ind., 3. pers. du pl., 4. conj.

le . . . . . art. m. sing., annonce que *écueil* est déterm.
ordinaire. . adj. qualif. m. sing., qualif. *écueil*.
écueil. . . . s. comm. m. sing., attrib. de *amour* et de *orgueil*.
Triomphant adj. verbal m. sing., qualif. *coupable*.
ou . . . . conj.
puni . . . v. act. au part. passé m. sing., 2. conj. qualif. *coupable*.
le . . . . . art. m. sing., annonce que *coupable* est déterm.
coupable . . adj. qualific. m. sing., pris substantivement, suj. de *est*.
est . . . . v. subst. au prés. de l'ind., 3. pers. du sing., 4. conj.
infâme. . . adj. qualific. m. sing., qualif. *coupable*.
Nées. . . . v. neut. au part. passé f. pl. qualif. *vertus*.,
le plus . . . loc. adv. modif. *souvent*.
souvent . . adv. modif. *nées*.
dans . . . prép.
le. . . . . art. masc. sing., annonce que *orgueil* est déterm.
orgueil, . . s. comm. m. sing., rég. indir. de *nées*.
les . . . . art. fém. plur., annonce que *vertus* est déterm.
vertus . . . s. comm. f. pl., suj. de *trouvent*.
humaines . adj. qualific. f. pl., qualif. *vertus*.
y . . . . . adv. modif. *trouvent*.
trouvent . . v. act. au prés. de l'ind., 3. pers. du pl., 1. conj.
quelquefois. adv. modif. *trouvent*.
leur . . . . adj. poss. m. sing., déterm. *tombeau*.
tombeau . . s. comm. m. sing., rég. dir. de *trouvent*.
Semblable . adj. qualific. m. sing., qualif. *conquérant*.
à . . . . . prép.

un . . . . adj. num. card. m. sing., déterm. *torrent*.
torrent . . . s. comm. m. sing., rég. indir. de *semblable*.
le . . . . . art. m. sing., annonce que *conquérant* est déterm.
conquérant . s. comm. m. sing., suj. de *porte*.
porte . . . v. act. au prés. de l'ind., 3. pers. du sing., 1. conj.
partout . . adv. modif. *porte*.
le . . . . . art. m. sing., annonce que *ravage* est déterm.
ravage . . . s. comm. m. sing., rég. dir. de *porte*.
et . . . . . conjonct.
la . . . . . art. f. sing. annonce que *désolation* est déterm.
désolation . s. comm. f. sing., rég. dir. de *porte*.

Analysez de même :

La vertu d'un cœur noble est la marque certaine. Nécessité d'industrie est la mère. Un poème excellent où tout marche et se suit, d'un écolier jamais ne fut l'apprentissage. Confiée par le ciel, la vie est un dépôt dont (*a*) l'homme ne peut disposer. Souples, adroits et jamais rebutés, les faux talents sont hardis, effrontés.

EXERCICE XXIV.

Inversion du régime de l'adjectif et du participe (59).
Inversion de l'adverbe (60).

Un juge aux passions doit être inaccessible. De louanges et d'encens les hommes sont avares. En un

---

(*a*) *Dont*, régime indirect de *disposer*.

cœur généreux, de remords combattu, la honte de sa chute affermit sa vertu. Tout-à-coup au dehors un bruit se fait entendre. Toujours au plus grand nombre on doit s'accoutumer. Quelquefois le péril fait taire la prudence.

Un . . . . adj. num. card. m. sing., déterm. *juge*.
juge . . . . s. comm. m. sing., suj. de *doit*.
aux . . . . . art. contr. : *à*, prép. ; *les*, art. f. pl. déterm. *passions*.
passions . . s. comm. f. pl., rég. indir. de *inaccessible*.
doit . . . . v. act. au prés. de l'indic., 3. pers. du sing., 3. conj.
être . . . . v. subst. au prés. de l'inf., 4. conj., rég. dir. de *doit*.
inaccessible. adj. qualific. m. sing., qualif. *juge*.
De . . . . prép.
louanges . . s. comm. f. pl., rég. indir. de *avares*.
et . . . . . conjonct.
de . . . . . prép.
encens . . . s. comm. m. pl., rég. indir. de *avares*.
les . . . . . art. m. pl. annonce que *hommes* est déterm.
hommes . . s. comm. m. pl., suj. de *sont*.
sont . . . . v. subst. au prés. de l'indic., 3. pers. du pl., 4. conj.
avares. . . adj. qualific. m. pl., qualif. *hommes*.
En . . . . prép.
un . . . . . adj. num. card. m. sing., déterm. *cœur*.
cœur . . . . s. comm. m. sing., rég. indir. de *affermit*.
généreux . . adj. qualific. m. pl., qualif. *cœur*.
de . . . . . prép.
remords . . s. comm. m. pl., rég. indir. de *combattu*.
combattu. . v. act. au part. passé, 4. conj., qualif. *cœur*.
la . . . . . art. f. sing., annonce que *honte* est déterm.

honte	s. comm. f. sing., suj. de *affermit.*
de	prép.
sa	adj. poss. f. sing., déterm. *chute.*
chute	s. comm. f. sing., rég. indir. de *honte.*
affermit . .	v. act. au prés. de l'indic., 3. pers. du sing., 2. conj.
sa	adj. poss. f. sing., déterm. *vertu.*
vertu. . . .	s. comm. f. sing., rég. dir. de *affermit.*
Tout-à-coup	loc. adv. modif. *entendre.*
au dehors .	loc. adv. modif. *entendre.*
un	adj. num. card. m. sing. déterm. *bruit.*
bruit	s. comm. m. sing., suj. de *se fait.*
se	pron. pers., 3. pers. du m. sing., rég. dir. de *fait entendre.*
fait	v. pron. au prés. de l'indic., 3. pers. du sing., 4. conj.
entendre. .	v. act. au prés. de l'inf., 4. conj., rég. dir. de *fait.*
Toujours . .	adv. modif. *doit.*
au	art. contr. : *à*, prép. ; *le*, art. m. sing., annonce que *nombre* est déterm.
plus	adv. mod. *grand.*
grand . . .	adj. qualific. m. sing., qualif. *nombre.*
nombre . .	s.comm.m. sing., rég. indir. de *s'accoutumer.*
on	pron. indéf. 3. pers. du m. sing., suj. de *doit.*
doit	v. act. au prés. de l'indic., 3. pers. du sing., 3. conj.
se	pron. pers., 3. pers. du m. sing., rég. dir. de *accoutumer.*
accoutumer.	v. pron. au prés. de l'inf., 1. conj., rég. dir. de *doit.*
Quelquefois	adv. modif. *fait.*
le	art. m. sing., annonce que *péril* est déterm.
péril	s. comm. m. sing., suj. de *fait.*

fait . . . . . v. act. au prés. de l'indic., 3. pers. du sing., 4. conj.
taire . . . . v. neut. au prés. de l'inf., 4. conj., rég. dir. de *fait*.
la . . . . . . art. f. sing., annonce que *prudence* est déterm.
prudence. . s. comm. f. sing., rég. dir. de *fait taire*.

Analysez de même :

A tous les cœurs bien nés que (*a*) la patrie est chère! Chacun pour soi-même est toujours (*b*) indulgent. Des droits de ses enfants une épouse jalouse, pardonne rarement aux fils d'une autre épouse. — Toujours quelques crimes précèdent les grands crimes. Jamais des trésors la soif ne me tourmente. Déjà j'entends des mers mugir (*c*) les flots troublés.

EXERCICE XXV.

Ellipse : *point d'adjectif qualificatif ou déterminatif sans un substantif qualifié ou déterminé* (64) ; *point de pronom relatif sans un antécédent* (66).

La fortune traite les hommes avec caprice : si un s'en loue, mille s'en plaignent. La moitié du genre humain se moque de l'autre. Le jeu est la plus funeste des passions. Les philosophes anciens et les modernes se sont accordés à reconnaître l'immortalité de l'ame. Qui cherche à plaire à tout le monde ne doit plaire à personne. Qui veut bien compter ne doit

(*a*) *Que*, adverbe, modifie *chère*. *b*) *Toujours*, adverbe, modifie *indulgent*. (*c*) *Mugir*, attribut de *flots*; c'est comme s'il y avait : *j'entends les flots mugir, mugissant*. (Voy. N° 33.)

compter sur rien. Qui parvient au succès n'a jamais trop osé.

La . . . . . art. f. sing., annonce que *fortune* est déterm.
fortune . . . s. comm. f. sing.. suj. de *traite*.
traite . . . . v. act. au prés. de l'indic., 3. pers. du sing., 1. c.
les . . . . . art. m. pl. annonce que *hommes* est déterm.
hommes . . subst. comm. m. pl., rég. dir. de *traite*.
avec . . . . prép.
caprice . . . s. comm. m. sing., rég. indir. de *traite*.
si . . . . . . conjonct.
un . . . . . adj. num. card. m. sing., déterm. *homme*.
(*homme*) . . s. comm. m. sing., suj. de *se loue*.
se . . . . . pron. pers., 3. pers. du m. sing., rég. dir. de *loue*.
en . . . . . pron. pers., 3. pers. du m. sing., rég. indir. de *se loue*.
loue . . . . v. pron. au prés. de l'indic., 3. pers. du sing., 1. conj.
mille . . . . adj. num. card. m. pl. déterm. *hommes*.
(*hommes*) . s. comm. m. pl., suj. de *se plaignent*.
se . . . . . pron. pers., 3. pers. du m. pl., rég. dir. de *plaignent*.
en . . . . . pron. pers., 3. pers. du m. sing., rég. indir. de *se plaignent*.
plaignent . . v. pron. au prés. de l'indic., 3. pers. du pl., 4. conj.
La . . . . . art. f. sing., annonce que *moitié* est déterm.
moitié . . . s. comm. f. sing., suj. de *se moque*.
du . . . . . art. contr.: *de*, prép.; *le*, art. m. sing. annonce que *genre* est déterm.
genre . . . . s. comm. m. sing., rég. indir. de *moitié*.
humain . . adj. qualific. m. sing., qualif *genre*.

se	pron. pers., 3. pers. du f. sing., rég. dir. de *moque*.
moque . . .	v. pron. au prés. de l'indic., 3. pers. du sing., 1. conj.
de	prép.
la	art. fém. sing., annonce que *moitié* est déterm.
autre	adj. indéf. f. sing., déterm. *moitié*.
(*moitié*.) . .	s. comm. f. sing., rég. indir. de *se moque*.
Le	art. m. sing., annonce que *jeu* est déterm.
jeu	s. comm. m. sing., suj. de *est*.
est	v. subst. au prés. de l'indic., 3. pers. du sing., 4. conj.
la	art. f. sing., annonce que *passion* est déterm.
plus	adv. modif. *funeste*.
funeste . .	adj. qualific. f. sing., qualif. *passion*.
(*passion*) .	s. comm. f. sing., attrib. de *jeu*.
des	art. contr. : *de*, prép.; *les*, art. f. pl. annonce que *passions* est déterm.
passions. .	s. comm. f. pl., rég. indir. de *passion*.
Les	art. m. pl., annonce que *philosophes* est déterm.
philosophes .	s. comm. m. pl., suj. de *se sont accordés*.
anciens . . .	adj. qualific. m. pl., qualif. *philosophes*.
et	conjonct.
les	art. m. pl., annonce que *philosophes* est déterm.
(*philosophes*)	s. comm. m. pl., suj. de *se sont accordés*.
modernes . .	adj. qualific. m. pl. qualif. *philosophes*.
se	pron. pers., 3. pers. du m. pl., rég. dir. de *sont accordés*.
sont accordés	v. pron. au pass. indéf., 3. pers. du pl., 1. conj.
à	prép.

reconnaître . v. act. au prés. de l'inf., 4. conj., rég. indir. de *se sont accordés*.

la . . . . . art. f. sing., annonce que *immortalité* est dét.

immortalité s. comm. f. sing, rég. dir. de *reconnaître*.

de . . . . . prép.

la . . . . . art. f. sing., annonce que *ame* est déterm.

ame . . . . s. comm. f. sing., rég. indir. de *immortalité*.

(*Celui*) . . . pron. démonst., 3. pers. du m. sing., suj. de *doit*.

qui . . . . . pron. rel., 3. pers. du m. sing., suj. de *cherche*; son antécéd. est *celui*.

cherche . . . v. act. au prés. de l'ind., 3. pers. du sing., 1. c.

à . . . . . prép.

plaire . . . v. neut. au prés. de l'inf., 4. conj., rég. dir. de *cherche*.

à . . . . . prép.

tout . . . . adj. indéf. m. sing., déterm. *monde*.

le . . . . . . art. m. sing., annonce que *monde* est déterm.

monde . . . s. comm. m. sing., rég. indir. de *plaire*.

ne . . . . . adv. de négat.

doit . . . . v. act. au prés. de l'ind., 3. pers. du sing., 3. c.

plaire . . . v. neut. au prés. de l'inf., 4. conj., rég. dir. de *doit*.

à . . . . . prép.

personne. . . pron. indéf. 3. pers. du m. sing., rég. indir. de *plaire*.

(*Celui*) . . . pron. démonst., 3. pers. du m. sing., suj. de *doit*.

qui . . . . . pron. rel., 3. pers. du m. sing., suj. de *veut*; son antécéd. est *celui*.

veut . . . . v. act. au prés. de l'ind., 3. pers. du sing., 3. c.

bien . . . . adv. modifie *compter*.

compter . . v. act. pris neutral. au prés. de l'inf., 1. conj., rég. dir. de *veut*.

ne . . . . . adv. de négat.

doit . . . . v. act. au prés. de l'ind., 3. pers. du sing., 3. c.

compter . . v. act. pris neutral. au prés. de l'inf., rég. dir. de *doit.*

sur . . . . . prép.

rien. . . . . s. comm. m. sing., rég. indir. de *compter.*

(*celui*) . . . pron. démonst., 3. pers. du m. sing., suj. de *a osé.*

qui . . . . . pron. rel., 3. pers. du m. sing., suj. de *parvient*; son antécéd. est *celui.*

parvient . . v. neut. au prés. de l'ind. 3. pers. du sing., 2. c.

au . . . . . art. contr. : *à*, prép.; *le*, art. m. sing., annonce que *succès* est déterm.

succès . . . s. comm. m. sing., rég. indir. de *parvient.*

ne . . . . . adv. de négat.

jamais . . . adv. modif. *a osé.*

a osé . . . . v. act. pris neutral. au passé indéf., 3. pers. du sing., 1. conj.

trop . . . . adv. modif. *a osé.*

Analysez de même :

Sur cent personnes (*a*), quatre-vingt-dix-neuf (*b*) sacrifient l'avenir au présent. Les hommes passent la moitié de leur vie à regretter (*c*) l'autre. Le chien est le plus fidèle des animaux. Vous étudiez les historiens grecs et les latins. Qui meurt pour son roi meurt toujours avec gloire. Qui sait se posséder peut commander au monde. Qui sait borner ses désirs est toujours riche.

(*a*) *Personnes*, rég. indir. de *sacrifient*; (*b*) *quatre-vingt-dix-neuf*, adj. num. card.; (*c*) *regretter*, rég. indir. de *passent.*

EXERCICE XXVI.

ELLIPSE : *point de sujet sans un verbe à un mode personnel* (67).

La complaisance fait des amis, et la vérité, des ennemis. Les méchants se craignent les uns les autres. La mort est aussi naturelle que la vie. Les hommes sont comme les statues : on doit les voir en place. Le temps, ainsi qu'un torrent, s'écoule continuellement. La honte ou la crainte arrêta son bras. La douceur, l'affabilité captive tous les cœurs. La terre, le ciel, tout l'univers est plein de mes aïeux. Les femmes, les enfants, les vieillards, tout fut massacré.

La . . . . art. f. sing., annonce que *complaisance* est déterm.

complaisance s. comm. f. sing., suj. de *fait*.

fait . . . . v. act. au prés. de l'ind., 3. pers. du sing., 4. conj.

des . . . . art. contr. : *de*, prép. prise dans un sens partitif; *les*, art. m. pl. annonce que *amis* est déterm.

amis . . . s. comm. m. pl., rég. dir. de *fait*.

et . . . . . conjonct.

la . . . . . art. f sing., annonce que *vérité* est déterm.

vérité . . . s. comm. f. sing., suj. de *fait*.

(*fait*) * . . . v. act. au prés. de l'indic., 3. pers. du sing., 4. conj.

des . . . . art. contr. : *de*, prép. prise dans un sens partitif; *les*, art. m. pl. annonce que *ennemis* est déterm.

ennemis. . s. comm. m. pl., rég. dir. de *fait*.
Les . . . . art. m. pl., annonce que *méchants* est déterm.
méchants . . adj. qualific. m. pl., pris substantiv., suj. de *se craignent*.
se . . . . . pron. pers., 3. pers. du m. pl., rég. dir. de *craignent*.
craignent . v. pr[illegible] au prés. de l'ind., 3. pers. du pl. 4. conj.
les uns . . . pron. ind. 3. pers. du m. pl., suj. de *craignent*.
(*craignent*) . v. act. au prés. de l'ind., 3. pers. du pl., 4. c.
les autres. . pron. indéf. 3. pers. du m. pl., rég. dir. de *craignent*.
La . . . . . art. f. sing., annonce que *mort* est déterm.
mort . . . . s. comm. f. sing., suj. de *est*.
est . . . . . v. subst. au prés. de l'ind., 3. pers. du sing. 4. conj.
aussi . . . . adv. mod. *naturelle*.
naturelle . . adj. qualific. f. sing., qualif. *mort*.
que . . . . . conjonct.
la . . . . . art. f. sing., annonce que *vie* est déterm.
vie . . . . s. comm. f. sing., suj. du v. *est*.
(*est*) . . . . v. subst. au prés. de l'ind., 3. pers. du sing., 4. conj.
(*naturelle*) . adj. qualific. f. sing., qualif. *vie*.
Les . . . . art. m. pl., annonce que *hommes* est déterm.
hommes . . s. comm. m. pl., suj. de *sont*.
sont . . . . v. subst. au prés. de l'ind., 3. pers. du pl., 4. conj.
comme. . . conjonct.
les . . . . art. f. pl., annonce que *statues* est déterm.
statues . . . s. comm. f. pl., suj. du v. *sont*.
(*sont*) . . . v. subst. au prés. de l'ind., 3. pers. du pl., 4. conj.
on . . . . . pron. ind. 3. pers. du m. sing., suj. de *doit*.

doit . . . . v. act. au prés. de l'ind., 3. pers. du sing., 3. conj.
les . . . . . pron. pers., 3. pers. du m. pl., rég. dir. de *voir.*
voir . . . . v. act. au prés. de l'infin. 3. conj., rég. dir. de *doit.*
en . . . . . prép.
place . . . . s. comm. f. sing., rég. ind. de *voir.*
Le . . . . . art. m. sing., annonce que *temps* est déterm.
temps . . . s. comm. m. sing., suj. de *s'écoule.*
se . . . . . pron. pers., 3. pers. du m. sing., rég. dir. de *écoule.*
écoule . . . v. pron. au prés. de l'ind., 3. pers. du sing., 1. conj.
continuellement adv. modif. *s'écoule.*
ainsi que . . loc. conjonct.
un . . . . . adj. num. card. m. sing., déterm. *torrent.*
torrent . . . s. comm. m. sing., suj. de *s'écoule.*
(*se*) . . . . . pron. pers., 3. pers. du m. sing., rég. dir. de *écoule.*
(*s'écoule*) . . v. pron. au prés. de l'ind., 3. pers. du sing., 1. conj.
La . . . . art. f. sing., annonce que *honte* est déterm.
honte . . . . s. comm. f. sing., suj. du v. *arréta.*
(*arréta*) . . v. act. au pass. déf. 3. pers. du sing., 1. conj.
(*son*) . . . . adj. poss. m. sing., déterm. *bras.*
(*bras*). . . . s. comm. m. sing., rég. dir. de *arréta.*
ou . . . . . conjonct.
la . . . . . art. f. sing., annonce que *crainte* est déterm.
crainte . . . s. comm. f. sing., suj. de *arréta.*
arréta . . . v. act. au pass. déf., 3. pers. du sing., 1. conj.
son . . . . . adj. poss. m. sing., déterm. *bras.*
bras . . . . s. comm. m. sing., rég. dir. du v. *arréta.*

La . . . . . art. f. sing., annonce que *douceur* est déterm.
douceur. . . s. comm. f. sing., suj. de *captive*.
(captive) . . v. act. au prés. de l'ind., 3. pers. du sing. 1. conj.
(tous). . . . adj. indéf. m pl., déterm. *cœurs*.
(les) . . . . art. m. pl., annonce que *cœurs* est déterm.
(cœurs). . . s. comm. m. pl., rég. dir. de *captive*.
la . . . . . art. f. sing., annonce que *affabilité* est déterm.
affabilité . . s. comm. f. sing., suj. de *captive*.
captive . . . v. act. au prés. de l'ind., 3. pers. du sing., 1. conj.
tous . . . . adj. indéf. m. pl., déterm. *cœurs*.
les . . . . . art. m. pl., annonce que *cœurs* est déterm.
cœurs. . . . s. comm. m. pl., rég. dir. de *captive*.
La . . . . . art. f. sing., annonce que *terre* est déterm.
terre . . . . s. comm. f. sing., suj. de *est*.
(est) . . . . v. subst. au prés. de l'ind., 3. pers. du sing., 4. conj.
(pleine). . . adj. qualific. f. sing., qualif. *terre*.
(de) . . . . prép.
(mes) . . . adj. poss. m. pl., déterm. *aïeux*.
(aïeux) . . . s. comm. m. pl., rég. indir. de *pleine*.
le. . . . . . art. m. sing, annonce que *ciel* est déterm.
ciel. . . . . s. comm. m. sing., suj. de *est*.
(est) . . . . v. subst. au prés. de l'ind., 3. pers. du sing., 4. conj.
(plein) . . . adj. qualif. m. sing., qualif. *ciel*.
(de) . . . . prép.
(mes). . . . adj. poss. m. pl., déterm. *aïeux*.
(aïeux) . . . s. comm. m. pl., rég. indir. de *plein*.
tout . . . . . adj. indéf. m. sing., déterm. *univers*.
le . . . . . . art. m. sing., annonce que *univers* est déterm.
univers . . . s. comm. m. sing., suj. de *est*.

est . . . . . v. subst. au prés. de l'ind., 3. pers. du sing., 4. conj.
plein . . . . adj. qualific. m. sing., qualif. *univers*.
de . . . . . . prép.
mes . . . . . adj. poss. m. pl., déterm. *aïeux*.
aïeux . . . . s. comm. m. pl., rég. indir. de *pleine*.
Les. . . . . art. f. pl., annonce que *femmes* est déterm.
femmes . . . s. comm. f. pl., suj. de *furent massacrées*.
(*furent massacrées*) v. pass. au pass. défin., 3. pers. du pl., 1. conj.
les . . . . . art. m. pl., annonce que *enfants* est déterm.
enfants . . . s. comm. m. pl., suj. de *furent massacrés*.
(*furent massacrés*) v. pass. au pass. déf., 3. pers. du pl., 1. conj.
les . . . . . art. m. pl., annonce que *vieillards* est déterm.
vieillards . . s. comm. m. pl., suj. de *furent massacrés*.
(*furent massacrés*) v. pass. au pass. déf., 3. pers. du pl., 1. conj.
tout. . . . . adj. indéf. m. sing. pris substant., suj. de *fut massacré*.
fut massacré v. pass. au pass. déf., 3. pers. du sing., 1. c.

Analysez de même :

La douleur est un siècle, et la mort un moment. Les corps célestes s'attirent les uns les autres. L'ignorance vaut mieux qu'un savoir affecté. Les œuvres des humains sont fragiles comme eux. Le bonheur de même que la vertu vient des Dieux. L'ignorance ou la folie croit savoir tout. L'indécision, l'incertitude conduit aux préjugés. Notre intérêt, notre honneur, Dieu exige le sacrifice de nos ressentiments. Grands et petits, personne n'échappe à la mort.

EXERCICE XXVII.

Ellipse : *Point de régime direct sans un verbe actif ou pris activement* (69).

Que recherchons-nous avec une ardeur extrême? les richesses; et cependant que devons-nous préférer aux richesses? le mérite et la vertu. On doit regarder la mort comme la fin des maux. Craignons les reproches de la conscience plus que les tourments et la mort. Les Romains attaquèrent les Carthaginois ainsi que leurs alliés.

Que . . . . . pron. rel., 3. pers. du m. sing., rég. dir. de *recherchons*. Son antécéd. n'est pas exprimé.
recherchons v. act. au prés. de l'ind., 1. pers. du pl., 1. c.
nous . . . . pron. pers., 1. pers. du m. pl., suj. de *recherchons*.
avec . . . . . prép.
une . . . . . adj. num. card. f. sing., déterm. *ardeur*.
ardeur . . . s. comm. f. sing., rég. indir. de *recherchons*.
extrême ? . adj. qualific. f. sing., qualif. *ardeur*.
(*nous*) . . . pron. pers., 1. pers. du m. pl., suj. de *recherchons*.
(*recherchons*) v. act. au prés. de l'ind., 1. pers. du pl., 1. conj.
les . . . . . art. f. pl., annonce que *richesses* est déterm.
richesses. . . s. comm. f. pl., rég. dir. de *recherchons*.
et . . . . . conjonct.
cependant. . conjonct.
que . . . . . pron. rel., 3. pers. du m. sing., rég. dir. de *préférer*. Son antécéd. n'est pas exprimé.

devons . . . v. act. au prés. de l'ind., 1. pers. du pl., 3. conj.
nous . . . . pron. pers., 1. pers. du m. pl., suj. de *devons*.
préférer . . v. act. au prés. de l'infin., 1. conj., rég. dir. de *devons*.
aux . . . . . art. contr. : *à*, prép. ; *les*, art. f. pl., annonce que *richesses* est déterm.
richesses ? . s. comm. f. pl., rég. indir. de *préférer*.
(*nous*) . . . pron. pers., 1. pers. du m. pl., suj. de *devons*.
(*devons*) . . v. act. au prés. de l'ind., 1. pers. du pl., 3. conj.
(*préférer*) . v. act. au prés. de l'infin., 1. conj., rég. dir. de *devons*.
le . . . . . art. m. sing., annonce que *mérite* est déterm.
mérite . . . s. comm. m. sing., rég. dir. de *préférer*.
et . . . . . . conjonct.
la . . . . . art. f. sing., annonce que *vertu* est déterm.
vertu . . . . s. comm. f. sing., rég. dir. de *préférer*.
On . . . . . pron. indéf., 3. pers. du m. sing., suj. de *doit*.
doit . . . . . v. act. au prés. de l'ind., 3. pers. du sing., 3. conj.
regarder . . v. act. au prés. de l'inf., 1. conj., rég. dir. de *doit*.
la . . . . . art. f. sing., annonce que *mort* est déterm.
mort . . . . s. comm. f. sing., rég. dir. de *regarder*.
comme . . . conjonct.
(*on*) . . . . pron. indéf., 3. pers. du m. sing., suj. de *regarde*.
(*regarde*) . . v. act. au prés. de l'ind., 3. pers. du sing., 1. conj.
la. . . . . . art. f. sing., annonce que *fin* est déterm.
fin . . . . . s. comm. f. sing., rég. dir. de *regarde*.
des . . . . . art. contr. : *de*, prép. ; *les*, art. m. pl., annonce que *maux* est déterm.

maux . . . s. comm. m. pl., rég. indir. de *fin*.
(*nous*) . . . pron. pers., 1. pers. du m. pl., suj. de *craignons*.
craignons . . v. act. à l'impér., 1. pers. du pl., 4. c.
les . . . . . art. m. pl., annonce que *reproches* est déterm.
reproches . . s. comm. m. pl., rég. dir. de *craignons*.
de . . . . . prép.
la . . . . . . art. f. sing., annon. que *conscience* est déterm.
conscience . s. comm. f. sing., rég. indir. de *reproches*.
plus . . . . adv. modif. *craignons*.
que . . . . . conjonct.
(*nous*) . . . pron. pers., 1. pers. du m. pl., suj. de *craignons*.
(*ne*) . . . . adv. de négat.
(*craignons*) v. act. au prés. de l'ind., 1. pers. du pl., 4. c.
les . . . . . art. m. pl., annonce que *tourments* est déterm.
tourments . s. comm. m. pl., rég. dir. de *craignons*.
et . . . . . . conjonct.
la . . . . . art. f. sing., annonce que *mort* est déterm.
mort. . . . s. comm. f. sing., rég. dir. de *craignons*.
Les . . . . art. m. pl., annonce que *Romains* est déterm.
Romains . . s. comm. m. pl., suj. de *attaquèrent*.
attaquèrent. v. act. au pass. déf., 3. pers. du pl., 1. c.
les . . . . . art. m. pl., annonce que *Carthaginois* est déterm.
Carthaginois s. comm. m. pl., rég. dir. de *attaquèrent*.
ainsi que . . loc. conjonct.
(*ils*) . . . . pron. pers., 3. pers. du m. pl., suj. de *attaquèrent*.
(*attaquèrent*) v. act. au passé déf., 3. pers. du pl., 1. c.
leurs . . . . adj. poss. m. pl., déterm. *alliés*.
alliés. . . . s. comm. m. pl., rég. dir. de *attaquèrent*.

Analysez de même :

Quelle peine craint l'homme qui a offensé Dieu? un châtiment qui n'aura pas de fin. Quelle récompense attend celui qui met son bonheur à l'adorer? une vie éternellement heureuse. Nous devons regarder un ami comme nous-mêmes. Les conquêtes font plus d'ennemis que de sujets. Tout peuple a son langage ainsi que son esprit.

EXERCICE XXVIII.

Ellipse : *Point de rég. ind. sans un verbe, un participe, un adjectif ou un substantif précédent* (70).

Mes amis, dit-il, je vous attends de pied ferme; et aussitôt de prendre la fuite. Ainsi parla Démosthène, et tous les Athéniens d'exprimer leur admiration. Errer est d'un mortel, mais se glorifier de ses erreurs est d'un sot. Il était d'une éloquence persuasive; et s'il était dans l'obligation de répéter ce qu'il avait dit, c'était toujours d'une manière neuve. La mer Caspienne est en Asie.

Mes . . . . adj. poss. m. pl. déterm. *amis*.
amis, . . . s. comm. m. pl. mis en apostrophe (34).
dit . . . . . v. act. au passé défini, 3. pers. du sing., 4. conj.; son rég. dir. est cette proposition : *mes amis, je vous attends*, etc.
il, ... pron. pers., 3. pers. du m. sing., suj. de *dit*.
je . . . . . . pron. pers., 1. pers. du m. sing., suj. de *attends*.

vous . . . . pron. pers., 2. pers. du m. pl., rég. dir. de *attends*.

attends . . . v. act. au prés. de l'indic., 1. pers. du sing., 4. conj.

de . . . . . prép.

pied . . . . s. comm. m. sing., rég. indir. de *attends*.

ferme ; . . . adj. qualific. m. sing., qualif. *pied*.

et . . . . . conjonct.

aussitôt . . . adv. modif. *se hâte*.

(*il*) . . . . . pron. pers., 3. pers. du m. sing., suj. de *se hâte*.

(*se*) . . . . pron. pers., 3. pers. du m. sing., rég. dir. de *hâte*.

(*hâte*) . . . v. pron. au prés. de l'indic., 3. pers. du sing., 1. conj.

de . . . . . prép.

prendre . . . v. act. au prés. de l'inf., 4. conj. rég. indir. de *se hâte*.

la . . . . . art. f. sing., annonce que *fuite* est déterm.

fuite. . . . . s. comm. f. sing., rég. dir. de *prendre*.

Ainsi . . . adv. modif. *parla*.

parla . . . . v. neut. au passé déf., 3. pers. du sing, 1. conj.

Démosthène, s. prop. m. sing., suj. de *parla*.

et. . . . . . conjonct.

tous . . . . adj. indéf. m. pl. déterm. *Athéniens*.

les . . . . . art. m. pl. annonce que *Athéniens* est déterm.

Athéniens . s. comm. m. pl. suj. de *s'empressèrent*.

(*se*). . . . . pron. pers., 3. pers. du m. pl., rég. dir. de *empressèrent*.

(*empressèrent*) v. pron. au passé déf., 3. pers. du pl., 1. conj.

de . . . . . prép.

exprimer . . v. act. au prés. de l'inf., 1. conj., rég. indir. de *s'empressèrent*.
leur . . . . adj. poss. f. sing., déterm. *admiration*.
admiration. s. comm. f. sing., rég. dir. de *exprimer*.
Errer . . . v. neut. au prés. de l'inf., 1. c., suj. de *est*.
est . . . . . v. subst. au prés. de l'indic., 3. pers. du sing., 4. conj.
(*le*) . . . . . art. m. sing., annonce que *fait* est déterm.
(*fait*) . . . . s. comm. m. sing., attrib. de *errer*.
de . . . . . prép.
un . . . . . adj. num. card. m. sing., déterm. *mortel*.
mortel; . . . adj. qualific. m. sing., pris substantiv., rég. indir. de *fait*:
mais . . . . conjonct.
se . . . . . pron. pers., 3. pers. du m. sing., rég. dir. de *glorifier*.
glorifier . . v. pron. au prés. de l'inf., 1. conj., suj. de *est*.
de . . . . . prép.
ses . . . . . adj. poss. f. pl. déterm. *erreurs*.
erreurs . . . s. comm. f. pl., rég. indir. de *se glorifier*.
est . . . . . v. subst. au prés. de l'indic., 3. pers. sing., 4. conj.
(*le*) . . . . . art. m. sing., annonce que *fait* est déterm.
(*fait*). . . . s. comm. m. sing., attrib. de *se glorifier*.
de . . . . . prép.
un . . . . . adj. num. card. m. sing., déterm. *sot*.
sot: . . . . adj. qualific. m. sing., pris substantiv., rég. indir. de *fait*.
Il . . . . . pron. pers., 3. pers. du m. sing., suj. de *était*.
était . . . . v. subst. à l'imparf. de l'indic., 3. pers. du sing., 4. c.
(*doué*) . . . v. act. au part. passé, 1. c., qualif. *il*.

de . . . . . . prép.
une . . . . . . adj. num. card. f. sing., déterm. *éloquence*.
éloquence . . s. comm. f. sing., rég. indir. de *doué*.
persuasive ; adj. qualific. f. sing. qualif. *éloquence*.
et . . . . . . conjonct.
si . . . . . . conjonct.
il . . . . . . pron. pers., 3. pers. du m. sing., suj. de *était*.
était . . . . v. subst. à l'imparf. de l'indic., 3. pers. du sing., 4. c.
(*placé*) . . . v. act. au part. passé, 1. c., qualif. *il*.
dans . . . . prép.
la . . . . . art. f. sing., annonce que *obligation* est déterm.
obligation . s. comm. f. sing., rég. indir. de *placé*.
de . . . . . prép.
répéter . . . v. act. au prés. de l'inf., rég. indir. de *obligation*.
ce . . . . . pron. démonst., 3. pers. du m. sing., rég. dir. de *répéter*.
que . . . . . pron. rel., 3. pers. du m. sing., rég. dir. de *avait dit*. Son antécéd. est *ce*.
il . . . . . . pron. pers., 3. pers. du m. sing., suj. de *avait dit*.
avait dit, . . v. act. au plus-que-parf. de l'indic., 3. pers. du sing., 4. c.
ce . . . . . pron. démonst., 3. pers. du m. sing., suj. de *était*.
était . . . . v. subst. à l'imparf. de l'indic., 3. pers. du sing., 4. c.
(*fait*) . . . . v. act. au part. passé, 4. c., qualif. *ce*.
toujours . . adv. modif. *fait*.
de . . . . . prép.
une . . . . . adj. num. card. f. sing., déterm. *manière*.

manière . . s. comm. f. sing., rég. indir. de *fait*.
neuve. . . . adj. qualific. f. sing., qualif. *manière*.
La . . . . . art. f. sing., annonce que *mer* est déterm.
mer . . . . s. comm. f. sing., suj. de *est*.
Caspienne . adj. qualific. f. sing., qualif. *mer*.
est . . . . . v. subst. au prés. de l'indic., 3. pers. du sing., 4. c.
(située) . . . adj. qualific. f. sing., qualif. *mer*.
en . . . . . prép.
Asie . . . . s. prop. f. sing., rég. indir. de *située*.

Analysez de même :

Un fou criait par tous les carrefours qu'il vendait la sagesse, et les mortels crédules de courir à l'achat. Le singe approuva cette sévérité, et, en flatteur habile, de louer la colère et la griffe du lion. Agir par instinct est d'une brute, penser avec liberté est d'un homme. Les récompenses sont (*a*) pour le mérite. Les maisons des paysans russes sont (*b*) en bois. Les méchants sont (*c*) dans la nécessité de dissimuler. Les graces sont (*d*) de tous les âges.

EXERCICE XXIX.

Ellipse : *Point de régime indirect sans une préposition précédente* (72).

Marius va venir en ces lieux, il vient vous offrir ses services, et si vous les acceptez, il court combattre les ennemis de Rome. Quand le printemps reviendra embellir la nature, je retournerai entendre le chant harmonieux du rossignol. Mentor paraissait

---

(*a*) Sous-ent. *destinées*. (*b*) Sous-ent. *construites*. (*c*) Sous-ent. *placés*. (*d*) Sous-ent. *le partage*.

s'indigner du changement opéré dans Télémaque, qui semblait mettre toute sa gloire à vivre auprès d'Eucharis.

Marius . . . s. prop. m. sing., suj. de *va*.
va . . . . . v. neut. au prés. de l'ind., 3. pers. du s., 1. c.
(*pour*) . . . prép.
venir . . . . v. neut. au prés. de l'inf. 2. c. rég. ind. de *va*.
en . . . . . prép.
ces . . . . . adj. démonstr. m. pl. déterm. *lieux*.
lieux ; . . . s. comm. m. pl., rég. indir. de *venir*.
il . . . . . . pron. pers., 3. pers. du m. sing., suj. de *vient*.
vient . . . . v. neut. au prés. de l'indic., 3. pers. du sing., 2. c.
(*pour*) . . . prép.
vous . . . . pron. pers., 2. pers. du m. pl., rég. indir. de *offrir*.
offrir . . . . v. act. au prés. de l'inf., rég. indir. de *vient*.
ses . . . . . adj. poss. m. pl. déterm. *services*.
services, . . s. comm. m. pl., rég. dir. de *offrir*.
et . . . . . . conjonct.
si . . . . . conjonct.
vous . . . . pron. pers., 2. pers. du m. pl., suj. de *acceptez*.
les . . . . . pron. pers., 3. pers. du m. pl., rég. dir. de *acceptez*.
acceptez, . . v. act. au prés. de l'indic., 3. pers. du pl., 1. c.
il . . . . . . pron. pers., 3. pers. du m. sing., suj. de *court*.
court . . . . v. neut. au prés. de l'ind., 3. pers. du s., 2. c.
(*pour*) . . . prép.
combattre . . v. act. au prés. de l'inf., 4. c., rég. indir. de *court*.

les . . . . . . art. m. pl., annonce que *ennemis* est déterm.
ennemis . . s. comm. m. pl., rég. dir. de *combattre*.
de . . . . . . prép.
Rome. . . . s. prop. f. sing., rég. indir. de *ennemis*.
Quand . . . conjonct.
le. . . . . . art. m. sing., annonce que *printemps* est déterm.
printemps. . s. comm. m. sing., suj. de *reviendra*.
reviendra . . v. neut. au fut. simp., 3. pers. du sing., 2. c.
(*pour*) . . . prép.
embellir . . v. act. au prés. de l'inf., 2. c., rég. indir. de *reviendra*.
la . . . . . art. f. sing., annonce que *nature* est déterm.
nature, . . . s. comm. f. sing., rég. dir. de *embellir*.
je . . . . . . pron. pers., 1. pers. du m. sing., suj. de *retournerai*.
retournerai . v. n. au fut. simp., 1. pers. du sing., 1. c.
(*pour*) . . . prép.
entendre . . v. act. au prés. de l'inf., 4. c., rég. indir. de *retournerai*.
le . . . . . . art. m. sing., annonce que *chant* est déterm.
chant . . . . s. comm. m. sing., rég. dir. de *entendre*.
harmonieux adj. qualific. m. sing., qualif. *chant*.
du . . . . . art. contr. : *de*, prép.; *le*, art. m. sing., annonce que *rossignol* est déterm.
rossignol. . s. comm. m. sing., rég. indir. de *chant*.
Mentor . . . s. prop. m. sing., suj. de *paraissait*.
paraissait . v. neut. à l'imparf. de l'indic., 3. pers. du sing., 4. c.
se . . . . . pron. pers., 3. pers. du m. sing., rég. dir. de *indigner*.
indigner . . v. pron. au prés. de l'inf., 1. c., rég. indir.

de *paraissait*, à cause d'une prép. sous-entendue (*a*).

du . . . . . art. contr. : *de*, prép.; *le*, art. m. sing., annonce que *changement* est déterm.

changement s. comm. m. sing., rég. indir. de *s'indigner*.

opéré . . . . v. act. au part. passé, 1. c., qualif. *changement*.

dans . . . . prép.

Télémaque, s. prop. m. sing., rég. indir. de *opéré*.

qui. . . . . pron. relat., 3. pers. du m. sing., suj. de *semblait*; son antécéd. est *Télémaque*.

semblait . . v. neut. à l'imparf. de l'indic., 3. pers. du sing., 1. c.

mettre . . . v. act. au prés. de l'inf., 4. c., rég. indir. de *semblait*, à cause d'une prép. sous-entendue (*a*).

toute . . . . adj. indéf. f. sing., déterm. *gloire*.

sa . . . . . adj. poss. f. sing., déterm. *gloire*.

gloire . . . . s. comm. f. sing., rég. dir. de *mettre*.

à . . . . . . prép.

vivre . . . . v. neut. au prés. de l'inf., 4. c., rég. indir. de *mettre*.

auprès de . . loc. prép.

Eucharis . . s. prop. f. sing., rég. indir. de *vivre*.

(*a*) Les verbes neutres n'ayant pas de régime direct, il est évident que l'infinitif qui est sous la dépendance de *paraître* et de *sembler*, ne peut figurer que comme régime indirect, et qu'il y a conséquemment une préposition sous-entendue après ces deux verbes neutres. Mais quelle est cette préposition? on l'ignore. C'est pourquoi nous nous sommes bornés à indiquer, après *paraissait* et *semblait*, que *l'infinitif est régime indirect, à cause d'une préposition sous-entendue*.

Analysez de même :

Le printemps va succéder à l'hiver, et bientôt l'hirondelle reviendra visiter nos campagnes. On court venger une offense légère, et l'on pardonne souvent un tort bien grave. L'inconstance est l'écueil où nos projets viennent échouer. Les méchants sont amis du mystère : ils semblent craindre le grand jour, et ne paraissent se plaire que dans le trouble.

EXERCICE XXX.

Même sujet (72).

A mesure qu'on s'instruit on regrette davantage les années qu'on a passées dans l'oisiveté et la paresse. Les oiseaux de proie dorment le jour, et font la nuit la guerre aux autres oiseaux. Charlemagne a été élu empereur le jour de Noël, l'an huit cent. Il s'élança sur l'ennemi, la fureur dans les yeux. La vertu exceptée, on peut tout sacrifier à l'amitié. Il regrette les années qu'il a vécu dans la mollesse.

A mesure que loc. conjonct.
on . . . . . pron. indéf., 3. pers. du m. sing., suj. de *s'instruit*.
se. . . . . . pron. pers., 3. pers. du m. sing., rég. dir. de *instruit*.
instruit, . . v. pron. au prés. de l'ind., 3. pers. du s., 4. c.
on . . . . . pron. indéf., 3. pers. du m. sing., suj. de *regrette*.
regrette. . . v. act. au prés. de l'ind., 3. pers. du sing., 1. c.

davantage .	adv. modif. *regrette*.
les	art. f. plur., annonce que *années* est déterm.
années . . .	s. comm. f. pl., rég. dir. de *regrette*.
que	pron. rel., 3. pers. du f. pl., rég. dir. de *a passées*. Son antécéd. est *années*.
on	pron. indéf., 3. pers. du m. sing., suj. de *a passées*.
a passées . .	v. act. au passé indéf., 3. pers. du sing., 1. c.
dans	prép.
la.	art. f. sing., annonce que *oisiveté* est déterm.
oisiveté . . .	s. comm. f. sing., rég. indir. de *a passées*.
et.	conjonct.
(*dans*) . . .	prép.
la.	art. f. sing., annonce que *paresse* est déterm.
paresse. . .	s. comm. f. sing., rég. indir. de *a passées*.
Les	art. m. pl., annonce que *oiseaux* est déterm.
oiseaux . . .	s. comm. m. pl., suj. de *dorment*.
de	prép.
proie	s. comm. f. sing., rég. indir. de *oiseaux*.
dorment . .	v. neut. au prés. de l'ind., 3. pers. du pl., 2. c.
(*pendant*). .	prép.
le.	art. m. sing., annonce que *jour* est déterm.
jour	s. comm. m. sing., rég. indir. de *dorment*.
et.	conjonct.
(*ils*)	pron. pers., 3. pers. du m. pl., suj. de *font*.
font	v. act. au prés. de l'ind., 3. pers. du pl., 4. c.
(*pendant*). .	prép.
la	art. f. sing., annonce que *nuit* est déterm.
nuit	s. comm. f. sing., rég. indir. de *font*.
la	art. f. sing., annonce que *guerre* est déterm.
guerre . . .	s. comm. f. sing., rég. dir. de *font*.
aux	art. contr.: *à*, prép.; *les*, art. m. pl., annonce que *oiseaux* est déterm.

autres . . . adj. qualific. m. pl., qualif. *oiseaux*.
oiseaux . . . s. comm. m. pl., rég. indir. de *font*.
Charlemagne s. prop. m. sing., suj. de *a été élu*.
a été élu . . v. pass. au passé indéf., 3. pers. du sing., 4. c.
empereur . s. comm. m. sing., pris adjectiv., qualif. *Charlemagne*.
(*dans*) . . . prép.
le . . . . . . art. m. sing., annonce que *jour* est déterm.
jour . . . . s. comm. m. sing., rég. indir. de *a été élu*.
de . . . . . prép.
Noël, ... s. prop. m. sing., rég. indir. de *jour*.
(*en*). . . . . prép.
le . . . . . . art. m. sing., annonce que *an* est déterm.
an . . . . . s. comm. m. sing., rég. indir. de *a été élu*.
huit cent. . . adj. num. card. m. pl., déterm. *an*.
Il . . . . . pron. pers., 3. pers. du m. sing., suj. de *s'élança*.
se. . . . . . pron. pers., 3. pers. du m. sing., rég. dir. de *élança*.
élança . . . v. pron. au passé déf., 3. pers. du sing., 1. c.
sur. . . . . prép.
le . . . . . . art. m. sing., annonce que *ennemi* est déterm.
ennemi, . . s. comm. m. sing., rég. indir. de *s'élança*.
(*avec*). . . . prép.
la . . . . . art. f. sing., annonce que *fureur* est déterm.
fureur . . . s. comm. f. sing., rég. indir. de *s'élança*.
(*peinte*). . . v. act. au part. passé, 4. c., qualif. *fureur*.
dans . . . . prép.
les. . . . . . art. m. pl., annonce que *yeux* est déterm.
yeux. . . . s. comm. m. pl., rég. indir. de *peinte* (*a*).

(*a*) Un substantif ne pouvant être régime d'un autre substantif qu'à l'aide de la préposition *de* (P. 6, n. 15), il est évident

(*Après*) . . prép.
la . . . . . art. f. sing., annonce que *vertu* est déterm.
vertu . . . . s. comm. f. sing., rég. indir. de *sacrifier*.
exceptée. . . v. act. au part. passé, 1. c., qualif. *vertu*.
on . . . . . pron. indéf., 3. pers. du m. sing., suj. de *peut*.
peut . . . . v. act. au prés. de l'ind., 3. pers. du sing., 3. c.
tout. . . . . s. comm. m. sing., rég. dir. de *sacrifier*.
sacrifier . . v. act. au prés. de l'infin., 1. c., rég. dir. de *peut*.
à . . . . . . prép.
la. . . . . . art. f. sing., annonce que *amitié* est déterm.
amitié . . . s. comm. f. sing., rég. indir. de *sacrifier*.
Il . . . . . . pron. pers., 3. pers. du m. sing., suj. de *regrette*.
regrette . . . v. act. au prés. de l'ind., 3. pers. du s., 1. c.
les. . . . . . art. f. pl. annonce que *années* est déterm.
années . . . s. comm. f. pl., rég. dir. de *regrette*.
que. . . . . pour *pendant lesquelles* : *pendant*, prép.; *que* ou *lesquelles*, pron. rel., 3. pers. du f. pl., rég. ind. de *a vécu*. Son antéc. est *années*.
il. . . . . . pron. pers., 3. pers. du m. sing., suj. de *a vécu*.
a vécu . . . v. neut. au pass. indéf., 3. pers. du sing., 4. c.
dans . . . . prép.
la. . . . . . art. f. sing. annonce que *mollesse* est déterm.
mollesse. . . s. comm. f. sing., rég. ind. de *a vécu*.

Analysez de même :

Les uns passent leur vie dans le luxe et la mollesse;

---

que *dans les yeux* ne peut être le régime de *fureur*. Il ne peut non plus l'être d'aucun des mots exprimés dans la phrase; il faut donc qu'il soit le régime d'un mot sous-entendu, et ce mot est le participe *peinte*.

les autres dans (*a*) le tumulte et l'agitation. La fourmi amasse l'été les provisions dont elle manque l'hiver. Galilée a inventé le télescope l'année seize cent neuf. Andromaque se présenta devant lui la tristesse sur le visage. (*b*) Régulus ayant parlé, les sénateurs louèrent sa grandeur d'ame. On oublie difficilement les années qu'on a gémi dans la captivité.

EXERCICE XXXI.

Pléonasme employé comme sujet (75, 76).

Moi, je vous apprendrai à respecter vos parents. Je serais esclave, moi qui suis né pour commander! Pénélope et moi, nous avons perdu l'espoir de revoir Ulysse. O malheureuse Calypso, tu souhaites la mort d'un infortuné que toi-même tu as précipité dans un abîme de malheurs. Je cherche les moyens de guérir son cœur, et vous, ne ferez-vous rien pour lui?

Moi, ... pron. pers., 1. pers. du m. sing., suj. répété par pléonasme du v. *apprendrai*.
je . . . . . . pron. pers., 1. pers. du m. sing., suj. de *apprendrai*.
vous . . . . pron. pers., 2. pers. du m. pl., rég. indir. de *apprendrai*.
apprendrai . v. act. au fut. simp., 1. pers. du sing., 4. c.
à . . . . . . prép.
respecter . . v. act. au prés. de l'infin., 1. c., rég. dir. de *apprendrai*.
vos . . . . . adj. poss. m. pl., déterm. *parents*.
parents. . . s. comm. m. pl., rég. dir. de *respecter*.

(*a*) Sous-ent. *passent*. (*b*) Sous-ent. *après* : (après) *Régulus ayant parlé*, etc.

Je . . . . . pron. pers., 1. pers. du m. sing., suj. de *serais*.

serais . . . . v. subst. au cond. prés., 1. pers. du sing., 4. c.

esclave . . . adj. qualific. m. sing., qualif. *je*.

moi, ... pron. pers., 1. pers. du m. sing., suj. répété par pléonasme du v. *serais*.

qui . . . . . pron. rel., 1. pers. du m. sing., suj. de *suis né*.

suis né . . . v. neut. au passé indéf., 1. pers. du sing., 4. c.

pour . . . . prép.

commander. v. neut. au prés. de l'inf., 1. c., rég. indir. de *suis né*.

Pénélope . . s. prop. f. sing., suj. répété par pléonasme du v. *avons perdu*.

et. . . . . . conjonct.

moi, ... pron. pers., 1. pers. du m. sing., suj. répété par pléonasme du v. *avons perdu*.

nous . . . . pron. pers., 1. pers. du m. pl., suj. de *avons perdu*.

avons perdu v. act. au passé indéf., 1. pers. du pl., 4. c.

le. . . . . . art. m. sing., annonce que *espoir* est déterm.

espoir . . . s. comm. m. sing., rég. dir. de *avons perdu*.

de . . . . . prép.

revoir. . . . v. act. au prés. de l'infin., 3. c., rég. indir. de *espoir*.

Ulysse. . . . s. prop. m. sing., rég. dir. de *revoir*.

O. . . . . . interj.

malheureuse adj. qualific. f. sing., qualif. *Calypso*.

Calypso . . s. prop. f. sing., mis en apostrophe (34).

tu . . . . . pron. pers., 2. pers. du f. sing., suj. de *souhaites*.

souhaites . . v. act. au prés. de l'indic., 2. pers. du sing., 1. conj.

la . . . . . . art. f. sing., annonce que *mort* est déterm.

mort . . . s. comm. f. sing., rég. dir. de *souhaites*.
de . . . . . prép.
un. . . . . adj. num. card. m. sing., déterm. *infortuné*.
infortuné. . adj. qualific. m. sing., pris substantiv., rég. indir. de *mort*.
que . . . . pron. rel., 3. pers. du m. sing., rég. dir. de *as précipité*. Son antécéd. est *infortuné*.
toi . . . . pron. pers., 2. pers. du m. sing., suj. répété par pléonasme du v. *as précipité*.
même . . . adj. f. sing., qualif. *toi*.
tu . . . . . pron. pers., 2. pers. du m. sing., suj. de *as précipité*.
as précipité. v. act. au passé indéf., 2. pers. du sing., 1. c.
dans. . . . prép.
un . . . . adj. num. card. m. sing., déterm. *abîme*.
abîme . . . s. comm. m. sing., rég. indir. de *as précipité*.
de. . . . . prép.
malheurs. . s. comm. m. pl., rég. indir. de *abîme*.
Je . . . . . pron. pers., 1. pers. du m. sing., suj. de *cherche*.
cherche . . v. act. au prés. de l'ind., 1. pers. du sing., 1. c.
les. . . . . art. masc. plur., annonce que *moyens* est déterm.
moyens . . s. comm. m. pl., rég. dir. de *cherche*.
de. . . . . prép.
guérir . . . v. act. au prés. de l'infin., 2. c., rég. indir. de *moyens*.
son . . . . adj. poss. m. sing., déterm. *cœur*.
cœur, . . . s. comm. m. sing., rég. dir. de *guérir*.
et. . . . . conjonct.
vous, . . . pron. pers., 2. pers. du m. pl., suj. répété par pléonasme du v. *ferez*.
ne, ... adv. de négat.
ferez. . . . v. act. au fut. simp., 2. pers. du pl., 4. c.

vous. . . . pron. pers., 2. pers. du m. plur., suj. de *ferez*.
rien . . . . s. comm. m. sing., rég. dir. de *ferez*.
pour . . . prép.
lui? . . . . pron. pers., 3. pers. du m. sing., rég. indir. de *ferez*.

Analysez de même :

Moi, je cesserais de suivre les traces de mes ancêtres! Je lui parlerai moi-même. Anacharsis et moi, nous venons parmi vous, pour assister à vos jeux. Tu t'es perdu, toi-même, infortuné jeune homme. Vous encouragerez le mérite, vous qui devez au vôtre (*a*) toute la considération dont vous jouissez.

EXERCICE XXXII.

Même sujet (75, 76).

Vous qui êtes venus troubler mon repos, vous sentirez bientôt ce que peut le courroux d'une déesse. Vous et Télémaque, vous regretterez d'avoir offensé Calypso. Comment ose-t-il se vanter d'avoir fait de belles actions, lui dont le cœur s'amollit lâchement par la volupté ? Lui-même, il ne peut plus modérer son ardeur à la vue du danger. Les Dieux vous protègent, eux qui vous ont conduits comme par la main au milieu des plus grands périls.

Vous . . . pron. pers., 2. pers. du m. pl., suj. répété par pléonasme du v. *sentirez*.
qui . . . . pron. rel., 2. pers. du m. pl., suj. de *êtes venus*. Son antécéd. est *vous*.

(*a*) *Au vôtre* se décompose, et s'analyse ainsi : *à*, prép. ; *le vôtre* pron. poss., 3. pers. du m. sing., rég. indir. de *devez*.

ts venus . v. neut. au passé indéf., 2. pers. du pl., 2. c.
our) . . . prép.
oubler . . v. act. au prés. de l'inf., 1. c., rég. indir. de *êtes venus*.
on . . . . adj. poss. m. sing., déterm. *repos*.
pos, . . s. comm. m. sing., rég. dir. de *troubler*.
ous . . . pron. pers., 2. pers. du m. pl., suj. de *sentirez*.
entirez . . v. act. au fut. simp., 2. pers. du pl., 2. c.
ientôt . . . adv. modif. *sentirez*.
e . . . . . pron. démonst., 3. pers. du m. sing., rég. dir. de *sentirez*.
ue . . . . pron. rel., 3. pers. du m. sing., rég. dir. de *peut*. Son antécéd. est *ce*.
eut . . . . v. act. au prés. de l'indic., 3. pers. du sing., 3. conj.
e . . . . . art. m. sing., annonce que *courroux* est déterm.
ourroux . . s. comm. m. sing., suj. de *peut*.
le . . . . . prép.
une . . . . adj. num. card. f. sing., déterm. *déesse*.
déesse. . . . s. comm. f. sing., rég. indir. de *courroux*.
Vous . . . pron. pers., 2. pers. du m. pl., suj. répété par pléonasme du v. *regretterez*.
et . . . . . conjonct.
Télémaque, s. prop. m. sing., suj. répété par pléonasme du v. *regretterez*.
vous . . . . pron. pers., 2. pers. du m. pl., suj. de *regretterez*.
regretterez . v. act. au futur simp., 2. pers. du pl., 1. c.
de . . . . . prép.
avoir offensé v. act. au passé de l'inf., 1. c., rég. dir. de *regretterez*.
Calypso. . . s. prop. f. sing., rég. dir. de *avoir offensé*.
Comment . adv. modif. *ose*.

ose	v. act. au prés. de l'indic., 3. pers. du sing., 1. conj.
t	lettre euphonique.
il	pron. pers., 3. pers. du m. sing., suj. de *ose*.
se	pron. pers., 3. pers. du m. sing., rég. dir. de *vanter*.
vanter . . .	v. pron. au prés. de l'inf., 1. conj., rég. dir. de *ose*.
de	prép.
avoir fait .	v. act. au passé de l'inf., 4. conj., rég. indir. de *se vanter*.
de	prép. prise dans un sens partitif.
belles . . .	adj. qualific. f. pl., qualif. *actions*.
actions, . .	s. comm. f. pl., rég. dir. de *avoir fait*.
lui	pron. pers., 3. pers. du m. sing., suj. répété par pléonasme du v. *ose*.
dont	pron. rel., 3. pers. du m. sing., rég. indir. de *cœur*; son antécéd. est *lui*.
le	art. m. sing., annonce que *cœur* est déterm.
cœur . . .	s. comm. m. sing., suj. de *s'amollit*.
se	pron. pers., 3. pers. du m. sing., rég. dir. de *amollit*.
amollit . .	v. pron. au prés. de l'ind. 3. pers. du sing. 2. c.
lâchement .	adv. modif. *amollit*.
par	prép.
la	art. f. sing. annonce que *volupté* est déterm.
volupté? . .	s. comm. f. sing., rég. indir. de *s'amollit*.
Lui	pron. pers., 3. pers. du m. sing., suj. répété par pléonasme du v. *peut*.
même, . .	adj. m. sing., qualif. *lui*.
il	pron. pers., 3. pers. du m. sing., suj. de *peut*.
ne	adv. de négat.
peut	v. act. au prés. de l'indic., 3. pers. du sing., 3. c.

plus. . . . adv. modif. *peut*.

modérer . . v. act. au prés. de l'inf., 1. c., rég. dir. de *peut*.

son . . . . adj. poss. f. sing., déterm. *ardeur*.

ardeur. . . s. comm. f. sing., rég. dir. de *modérer*.

à . . . . . prép.

la . . . . . art. f. sing., annonce que *vue* est déterm.

vue . . . . s. comm. f. sing., rég. indir. de *modérer*.

du . . . . art. contr. : *de*, prép.; *le*, art. m. sing., annonce que *danger* est déterm.

danger. . . s. comm. m. sing., rég. indir. de *vue*.

Les . . . . art. m. pl., annonce que *dieux* est déterm.

dieux . . . s. comm. m. pl., suj. de *protègent*.

vous. . . . pron. pers., 2. pers. du m. sing., rég. dir. de *protègent*.

protègent, . v. act. au prés. de l'indic. , 3. pers. du pl., 1. c.

eux . . . . pron. pers., 3. pers. du m. pl., suj. répété par pléonasme du v. *protègent*.

qui . . . . pron. rel., 3. pers. du m. pl. , suj. de *ont conduit*. Son antécéd. est *eux*.

vous . . . . pron. pers. 2. pers. du m. pl , rég. dir. de *ont conduits*.

ont conduits v. act. au passé indéf., 3. pers. du pl., 4. c.

comme . . conjonct.

(*si*) . . . . conjonct.

(*ils*) . . . . pron. pers., 3. pers. du m. pl., suj. de *avaient conduits*.

(*vous*) . . . pron. pers. , 2. pers. du m. pl. , rég. dir. de *avaient conduits*.

(*avaient conduits*) v. act. au plus-que-parf. de l'indic., 3. pers. du pl., 4. c.

par . . . . prép.

la . . . . . art. f. sing., annonce que *main* est déterm.

main . . . s. comm. f. sing., rég. indir. de *avaient conduits*.
au . . . . art. contr.: *à*, prép.; *le*, art. m. sing., annonce que *milieu* est déterm.
milieu . . . s. comm. m. sing., rég. indir. de *ont conduits*.
des . . . . art. contr.: *de*, prép.; *les*, art. m. pl., annonce que *périls* est déterm.
plus . . . . adv. modif. *grands*.
grands . . adj. qualific. m. pl., qualif. *périls*.
périls. . . . s. comm. m. pl., rég. indir. de *milieu*.

Analysez de même :

Vous que je crois mon ami (*a*), m'abandonnerez-vous dans la situation malheureuse où je me trouve? Vous et les vôtres, vous apprendrez à me connaître un jour. Pourquoi ne vous rend-il pas ce service, lui à qui vous en (*b*) avez rendu tant (*c*)? Loin de (*d*) vous protéger (*e*), lui-même, il se fait un plaisir de vous persécuter. Racine et Boileau se sont tendrement chéris, eux qui étaient rivaux de mérite et de gloire.

EXERCICE XXXIII.

Même sujet (76).

Enfin, lui et Minerve, toujours cachée sous la figure de Mentor, ils arrivèrent dans un endroit de l'île

---

(*a*) *Ami*, attrib. de *que*. (*b*) *En*, rég. indir. de *tant*. (*c*) *Tant*, adv. pris substantiv., rég. dir. de *avez rendu* (*d*) *Loin de*, loc. prép. (*e*) *Protéger*, rég. indir. de *se fait*.

où le rivage était escarpé. Boire, manger, dormir, c'est le partage de la brute; penser avec liberté, sentir avec délicatesse, agir avec courage, c'est le partage de l'homme sage. Savoir donner à propos, c'est un talent que tout le monde n'a pas.

Enfin, . . adv. modif. *arrivèrent*.
lui . . . . . pron. pers., 3. pers. du m. sing., suj. répété par pléonasme du v. *arrivèrent*.
et . . . . . conjonct.
Minerve, . . s. prop. f. sing., suj. répété par pléonasme du v. *arrivèrent*.
toujours . . adv. modif. *cachée*.
cachée . . . v. act. au part. passé f. sing., 1. c., qualif. *Minerve*.
sous . . . . prép.
la . . . . . art. f. sing., annonce que *figure* est déterm.
figure . . . s. comm. f. sing., rég. indir. de *cachée*.
de . . . . . . prép.
Mentor, . . s. prop. m. sing., rég. indir. de *figure*.
ils . . . . . pron. pers., 3. pers. du m. pl., suj. de *arrivèrent*.
arrivèrent . v. neut. au passé déf., 3. pers. du pl., 1. c.
dans . . . . prép.
un . . . . . adj. num. card. m. sing., déterm. *endroit*.
endroit . . . s. comm. m. sing., rég. indir. de *arrivèrent*.
de . . . . . prép.
la . . . . . . art. f. sing., annonce que *île* est déterm. 55
île . . . . . s. comm. f. sing., rég. indir. de *endroit*.
où . . . . . adv. modif. *escarpé*.
le . . . . . . art. m. sing., annonce que *rivage* est déterm.
rivage . . . s. comm. m. sing., suj. de *était*.

était . . . . v. subst. à l'imparf. de l'indic., 3. pers. du sing., 4. c.

escarpé. . . adj. qualific. m. sing., qualif. *rivage*.

Boire, . . . v. act. pris neutral. au prés. de l'inf., 4. c., suj. du v. *est*.

manger, . . v. act. pris neutral. au prés. de l'inf., 1. c., suj. du v. *est*.

dormir, . . . v. neut. au prés. de l'inf., 2. c., suj. du v. *est*.

ce . . . . . pron. dém., 3. pers. du m. sing., suj. répété par pléonasme du v. *est*.

est . . . . . v. subst. au prés. de l'indic., 3. pers. du sing., 4. c.

le . . . . . . art. masc. sing., annonce que *partage* est determ.

partage . . . s. comm. m. sing., attrib. de *ce*.

de . . . . . prép.

la . . . . . art. f. sing., annonce que *brute* est déterm.

brute; . . . s. comm. f. sing., rég. indir. de *partage*.

penser . . . v. neut. pris neut. au prés. de l'inf., 1. c., suj. du v. *est*.

avec . . . . prép.

liberté, . . s. comm. f. sing., rég. indir. de *penser*.

sentir . . . v. act. pris neutral. au prés. de l'inf., 2. c., suj. du v. *est*.

avec . . . . prép.

délicatesse, . s. comm. f. sing., rég. indir. de *sentir*.

agir . . . . v. neut. au prés. de l'inf., 2. c., suj. du v. *est*.

avec . . . . prép.

courage, . s. comm. m. sing., rég. indir. de *agir*.

ce . . . . . pron. démonst., 3. pers. du m. sing., suj. répété par pléonasme du v. *est*.

est . . . . v. subst. au prés. de l'indic., 3. pers. du sing., 4. c.

le . . . . . art. m. sing. annonce que *partage* est déterm.
partage . . s. comm. m. sing., attrib. de *ce*.
de . . . . . prép.
le . . . . . art. masc. sing., annonce que *homme* est déterm.
homme. . . s. comm. m. sing., rég. indir. de *partage*.
sage. . . . adj. qualific. m. sing., qualif. *homme*.
Savoir . . . v. act. au prés. de l'inf., 3. c., suj. de *est*.
donner . . v. act. pris neutral. au prés. de l'inf., 1. c., rég. dir. de *savoir*.
à propos, . loc. adv. modif. *donner*.
ce . . . . . pron. démonst., 3. pers. du m. sing., suj. répété par pléonasme du v. *est*.
est . . . . v. subst. au prés. de l'indic., 3. pers. du sing., 4. c.
un . . . . adj. num. card. m. sing., déterm. *talent*.
talent . . . s. comm. m. sing., attrib. de *ce*.
que . . . . pron. rel., 3. pers. du m. sing., rég. dir. de *a*. Son antécéd. est *talent*.
tout . . . . adj. indéf. m. sing. déterm. *monde*.
le . . . . . art. m. sing., annonce que *monde* est déterm.
monde . . . s. comm. m. sing., suj. de *a*.
ne pas . . . adv. de négat.
a . . . . . v. act. au prés. de l'indic., 3. pers. du sing., 3. c.

Analysez de même :

Lui et ses compagnons d'armes qui avaient échappé au carnage, ils se rendirent au camp romain. Orner l'esprit des jeunes gens, et les disposer à la vertu, c'est l'objet principal de leur éducation. Recevoir sans orgueil, et rendre sans peine, c'est le devoir d'une ame reconnaissante. Se montrer modéré dans la prospérité, c'est le comble de la sagesse.

EXERCICE XXXIV.

Pléonasme employé comme régime direct (75, 77).

Je me livrai moi-même à mes ennemis. Il nous abandonne, nous qui l'avons comblé de bienfaits. O malheureuse Calypso, tu t'es trahie toi-même. Si le respect des Dieux vous touche, vous qui êtes si secourables, ne refusez pas de protéger deux infortunés. Lui qui avait causé la ruine de tant de peuples, on l'a vu trembler sous le poignard d'un assassin. Il craignait ses gardes, et il les sacrifiait, eux et leurs familles, sur le moindre soupçon.

Je . . . . . pron. pers., 1. pers. du m. sing., suj. de *me livrai*.

me . . . . pron. pers., 1. pers. du m. sing., rég. dir. de *livrai*.

livrai . . . v. pron. au passé défin., 1. pers. du sing., 1. c.

moi . . . . pron. pers., 1. pers. du m. sing., rég. dir. répété par pléonasme du v. *livrai*.

même . . . adj. m. sing., qualif. *moi*.

à . . . . . prép.

mes . . . . adj. poss. m. pl., déterm. *ennemis*.

ennemis. . . s. comm. m. pl., rég. indir. de *me livrai*.

Il . . . . . pron. pers., 3. pers. du m. sing., suj. de *abandonne*.

nous . . . . pron. pers., 1. pers. du m. pl., rég. dir. de *abandonne*.

abandonne, v. act. au prés. de l'ind. 3. pers. du sing. 1. c.

nous . . . . pron. pers., 1. pers. du m. pl., rég. dir. répété par pléonasme du v. *abandonne*.

qui . . . . pron. rel., 1. pers. du m. pl., suj. de *avons comblé*. Son antécéd. est *nous*.

le . . . . . pron. pers., 3. pers. du m. sing., rég. dir. de *avons comblé*.

avons comblé v. act. au passé indéf., 1. pers. du pl., 1. c.

de . . . . . prép.

bienfaits. . . s. comm. m. pl., rég. indir. de *avons comblé*.

O . . . . . interj.

malheureuse adj. qualific. f. sing., qualif. *Calypso*.

Calypso. . . s. prop. f. sing., mis en apostrophe.

tu . . . . . pron. pers., 2. pers. du m. sing., suj. de *es trahie*.

te . . . . . pron. pers., 2. pers. du f. sing., rég. dir. de *es trahie*.

es trahie . . v. pron. au passé déf., 2. pers. du sing., 2. c.

toi. . . . . pron. pers., 2. pers. du f. sing., rég. dir. répété par pléonasme du v. *es trahie*.

même. . . adj. m. sing., qualif. *toi*.

Si. . . . . conjonct.

le . . . . . art. m. sing., annonce que *respect* est déterm.

respect. . . s. comm. m. sing., suj. de *touche*.

des . . . . art. contr.: *de*, prép.; *les*, art. m. pl., annonce que *Dieux* est déterm.

Dieux. . . s. comm. m. pl., rég. indir. de *respect*.

vous . . . . pron. pers., 2. pers. du m. pl., rég. dir. de *touche*.

touche, . . . v. act. au prés. de l'ind., 3. pers. du sing., 1. c.

vous. . . . pron. pers. 2. pers. du m. pl., rég. dir. répété par pléonasme du v. *touche*.

qui . . . . pron. rel., 3. pers. du m. pl., suj. de *êtes*; son antécéd. est *vous*.

êtes . . . . v. subst. au prés. de l'ind., 2. pers. du pl., 4. c.

si. . . . . adv. mod. *secourables*.

secourables, adj. qualific. m. pl., qualif. *qui*.

ne pas. . . . adv. de négat.
refusez . . v. act. à l'impér., 2. pers. du pl., 1. conj.
de. . . . . prép.
protéger . . v. act. au prés. de l'infin., 1. conj., rég. dir. de *refusez*.
deux. . . . adj. num. card. m. pl., déterm. *infortunés*.
infortunés . adj. qualific. m. pl., pris substantiv., rég. dir. de *protéger*.
Lui . . . . pron. pers., 3. pers. du m. sing., rég. dir. répété par pléonasme du v. *a vu*.
qui . . . . pron. rel., 3. pers. du m. sing., suj. de *avait causé*. Son antécéd. est *lui*.
avait causé . v. act. au plus-que-parfait de l'ind., 3. pers. du sing., 1. c.
la . . . . . art. f. sing., annonce que *ruine* est déterm.
ruine . . . s. comm. f. sing., rég. dir. de *avait causé*.
de . . . . . prép.
tant . . . . adv. pris substantiv., rég. indir. de *ruine*.
de. . . . . prép.
peuples. . . s. comm. m. pl., rég. indir. de *tant*.
on . . . . pron. indéf., 3. pers. du m. sing., suj. de *a vu*.
le . . . . . pron. pers., 3. pers. du m. sing., rég. dir. de *a vu*.
a vu. . . . v. act. au passé indéf., 3. pers. du sing., 3. c.
trembler . . v. neut. au prés. de l'inf. 1. c. attrib. de *le* (33).
sous . . . . prép.
le . . . . . art. m. sing., annonce que *poignard* est déterm.
poignard. . s. comm. m. sing., rég. indir. de *trembler*.
de . . . . . prép.
un . . . . adj. num. card. m. sing., déterm. *assassin*.
assassin. . s. comm. m. sing., rég. indir. de *poignard*.
Il. . . . . pron. pers., 3. pers. du m. sing., suj. de *craignait*.

craignait. . v. act. à l'imparf. de l'ind., 3. pers. du sing., 4. c.
ses . . . . adj. poss. m. pl., déterm. *gardes.*
gardes . . . s. comm. m. pl., rég. dir. de *craignait.*
et . . . . . conjonct.
il . . . . . pron. pers., 3. pers. du m. sing., suj. de *sacrifiait.*
les. . . . . pron. pers., 3. pers. du m. pl., rég. dir. de *sacrifiait.*
sacrifiait. . v. act. à l'imparf. de l'ind., 3. pers. du sing., 1. c.
eux . . . . pron. pers., 3. pers. du m. pl., rég. dir. répété par pléonasme du v. *sacrifiait.*
et . . . . . conjonct.
leurs. . . . adj. poss. f. pl., déterm. *familles.*
familles . . s. comm. f. pl., rég. dir. répété par pléonasme du v. *sacrifiait.*
sur . . . . prép.
le . . . . . art. m. sing., annonce que *soupçon* est déterm.
moindre . . adj. qualific. m. sing., qualif. *soupçon.*
soupçon . . s. comm. m. sing., rég. indir. de *sacrifiait.*

Analysez de même:

Je m'accusai moi-même d'une faute que je n'avais pas commise. Il nous craint, nous qui lui avons donné tant de preuves d'amitié. O Alexandre, tu t'es vaincu toi-même, et cette victoire t'illustre plus que tes exploits (*a*). Que le ciel vous comble de ses faveurs, vous qui en (*b*) faites un si noble usage! Lui qu'une si longue infortune devait instruire, ne l'avez-vous pas vu commettre (*c*) les plus grandes fautes? Le Roi les a récompensés, eux et les leurs.

(*a*) Sous-entendu : *ne t'illustrent.* (*b*) *En*, rég. indir. de *usage.* (*c*) *Commettre*, attrib. de *le* (33).

EXERCICE XXXV.

Pléonasme employé comme régime indirect (75, 78).

Que m'ont fait à moi, ces ennemis que je combats? Que nous fait à nous le jugement des insensés? Que t'a-t-on répondu à toi? Qui vous a reproché, à vous, d'être ingrats? On ne lui a pas pardonné ses fautes, à lui qui fut si indulgent pour celles des autres. Je leur ai inspiré, à eux qui désirent vous retenir, la pensée de brûler votre vaisseau.

Que . . . . pron. relat., 3. pers. du m. sing., rég. dir. de *ont fait*. Son antécéd. n'est pas exprimé.
me . . . . pron. pers., 1. pers. du m. sing., rég. indir. de *ont fait*.
ont fait . . v. act. au passé indéf., 3. pers. du pl., 4. c.
à . . . . . prép.
moi . . . . pron. pers., 1. pers. du m. sing., rég. indir. répété par pléonasme du v. *ont fait*.
ces . . . . adj. dém. m. pl., déterm. *ennemis*.
ennemis . . s. comm. m. pl., suj. de *ont fait*.
que . . . . pron. rel., 3. pers. du m. pl., rég. dir. de *combats*; son antécéd. est *ennemis*.
je . . . . . pron. pers., 1. pers. du m. sing., suj. de *combats*.
combats? . v. act. au prés. de l'ind., 1. pers. du sing., 4. c.
Que . . . pron. rel., 3. pers. du m. sing., rég. dir. de *fait*; son antécéd. n'est pas exprimé.
nous . . . . pron. pers., 1. pers. du m. pl., rég. indir. de *fait*.
fait . . . . v. act. au prés. de l'ind., 3. pers. du sing., 4. c.
à . . . . . prép.

nous. . . . pron. pers., 1. pers. du m. pl., rég. indir. répété par pléonasme du v. *fait*.

le . . . . . art. m. sing., annonce que *jugement* est déterm.

jugement . . s. comm. m. sing., suj. de *fait*.

des . . . . art. contr.: *de*, prép.; *les*, art. m. pl., annonce que *insensés* est déterm.

insensés? . adj. qualific. m. pl., pris substant., rég. indir. de *jugement*.

Que . . . . pron. rel., 3. pers. du m. sing., rég. dir. de *a répondu*; son antécéd. n'est pas exprimé.

te . . . . . pron. pers., 2. pers. du m. sing rég. indir. de *a répondu*.

t . . . . . . lettre euphonique.

a répondu . v. act. au passé indéf., 3. pers. du sing., 4. c.

on . . . . . pron. indéf., 3. pers. du m. sing., suj. de *a répondu*.

à . . . . . . prép.

toi? . . . . pron. pers., 2. pers. du m. sing., rég. indir. répété par pléonasme du v. *a répondu*.

Qui . . . . pron. rel., 3. pers. du m. sing., suj. de *a reproché*. Son antécéd. n'est pas exprimé.

vous . . . . pron. pers., 2. pers. du m. sing., rég. indir. de *a reproché*.

a reproché . v. act. au passé indéf., 3. pers. du sing., 1. c.

à . . . . . . prép.

vous . . . . pron. pers., 2. pers. du m. pl., rég. indir. répété par pléonasme du v. *a reproché*.

de . . . . . prép.

être . . . . v. subst. au prés. de l'inf., 4. c., rég. dir. de *a reproché*.

ingrats? . . adj. qualific. m. pl., qualif. *vous*.

On . . . . pron. indéf., 3. pers. du m. sing., suj. de *a pardonné*.

ne pas . . .	adv. de négat.
lui	pron. pers., 3. pers. du m. sing., rég. indir. de *a pardonné*.
a pardonné.	v. act. au passé indéf., 3. pers. du sing., 1. c.
ses	adj. poss. f. pl., déterm. *fautes*.
fautes, . .	s. comm. f. pl., rég. dir. de *a pardonné*.
à	prép.
lui	pron. pers., 3. pers. du m. sing., rég. indir. répété par pléonasme du v. *a pardonné*.
qui	pron. rel., 3. pers. du m. sing., suj. de *fut*; son antécéd. est *lui*.
fut	v. subst. au passé déf., 3. pers. du sing., 4. c.
si	adv. modif. *indulgent*.
indulgent. .	adj. qualific. m. sing., qualif. *qui*.
pour . . .	prép.
celles . . .	pron. démonst. 3. pers. du f. pl., rég. indir. de *indulgent*.
des	art. contr. : *de*, prép. ; *les*, art. m. pl., annonce que *autres* est déterm.
autres . . .	adjectif m. pl., pris substantiv., rég. indir. de *celles*.
Je.	pron. pers., 1. pers. du m. sing., suj. de *ai inspiré*.
leur	pron. pers., 3. pers. du m. pl., rég. indir. de *ai inspiré*.
ai inspiré, .	v. act. au passé indéf., 1. pers. du sing., 1. c.
à	prép.
eux	pron. pers., 3. pers. du m. pl., rég. indir. répété par pléonasme du v. *ai inspiré*.
qui	pron. rel., 3. pers. du m. pl., suj. de *désirent*; son antécéd. est *eux*.
désirent . .	v. act. au prés. de l'ind., 3. pers. du pl., 1. c.
vous	pron. pers., 2. pers. du m. pl., rég. dir. de *retenir*.

retenir, . . v. act. au prés. de l'inf., 2. conj., rég. dir. de *désirent*.
la. . . . . art. f. sing., annonce que *pensée* est déterm.
pensée . . . s. comm. f. sing., rég. dir. de *ai inspiré*.
de. . . . . prép.
brûler . . . v. act. au prés. de l'inf., 1. c., rég. indir. de *pensée*.
votre . . . adj. poss. m. sing., déterm. *vaisseau*.
vaisseau. . s. comm. m. sing., rég. dir. de *brûler*.

Analysez de même:

Que me font à moi les attaques de la calomnie? Il nous a refusé son assistance, à nous qui avons tout sacrifié pour lui. Que t'a fait à toi ce sénat romain contre lequel tu as pris les armes? Qui pourrait vous manquer d'égards, à vous que tout le monde estime? Je lui apprendrai, à lui, à méconnaître mon autorité. Je leur dois mon bonheur à l'un et à l'autre.

EXERCICE XXXVI.

Pléonasme employé comme attribut (75, 79).

La seule chose dont la possession soit certaine, c'est la sagesse. Les véritables richesses, c'est la vertu et le mérite. Le plus ingénieux de tous les maîtres, c'est celui qu'on écoute avec plaisir. La première faute que fit l'homme, ce fut de désobéir à Dieu. La chose qu'on doit craindre le plus, c'est que le vice ne prenne la place de la vertu.

La . . . . art. f. sing., annonce que *chose* est déterm.
seule. . . . adj. qualific. f. sing., qualif. *chose*.

chose . . . s. comm. f. sing., attrib. de *sagesse*.
dont . . . . pron. rel., 3. pers. du f. sing., rég. indir. de *possession*. Son antécéd. est *chose*.
la . . . . . art. f. sing., annonce que *possession* est déterm.
possession . s. comm. f. sing., suj. de *soit*.
soit . . . . v. subst. au prés. du subj., 3. pers. du sing., 4. conj.
certaine . . adj. qualific. f. sing., qualif. *possession*.
ce . . . . . pron. démonst., 3. pers. du m. sing., attrib. de *sagesse*, répété par pléonasme.
est . . . . v. subst. au prés. de l'ind., 3. pers. du sing., 4. conj.
la . . . . . art. f. sing., annonce que *sagesse* est déterm.
sagesse. . . s. comm. f. sing., suj. de *est*.
Les . . . . art. f. pl., annonce que *richesses* est déterm.
véritables . adj. qualific. f. pl., qualif. *richesses*.
richesses . . s. comm. f. pl., attrib. de *vertus* et de *talents*.
ce . . . . . pron. démonst., 3. pers. du m. sing., attrib. de *vertus* et de *talents*, répété par pléonasme.
est . . . . v. subst. au prés. de l'ind., 3. pers. du sing., 4. conj.
la . . . . . art. f. sing., annonce que *vertu* est déterm.
vertu . . . s. comm. f. sing., suj. de *est*.
et . . . . . conjonct.
le . . . . . art. m. sing., annonce que *mérite* est déterm.
mérite . . . s. comm. m. sing., suj. de *est*.
Le . . . . art. m. sing., annonce que *maître* est déterm.
plus . . . . adv. modif. *ingénieux*.
ingénieux . adj. qualific. m. sing., qualif. *maître*.
(*maître*) . . s. comm. m. sing., attrib. de *celui*.
de . . . . . prép.
tous . . . . adj. indéf. m. pl., déterm. *maîtres*.
les. . . . . art. m. pl., annonce que *maîtres* est déterm.
maîtres . . s. comm. m. pl., rég. indir. de *maître*.

e . . . . . pron. démonst., 3. pers. du m. sing., attrib. de *celui*, répété par pléonasme.

st . . . . v. subst., au prés. de l'ind., 3. pers. du sing., 4. conj.

elui . . . . pron. démonst., 3. pers. du m. sing., suj. de *est*.

que . . . . pron. rel., 3. pers. du m. sing., rég. dir. de *écoute*. Son antécéd. est *celui*.

on . . . . . pron. indéf., 3. pers. du m. sing., suj. de *écoute*.

écoute . . . v. act. au prés. de l'ind., 3. pers. du sing., 1. c.

avec . . . . prép.

plaisir. . . s. comm. m. sing., rég. indir. de *écoute*.

La . . . . art. f. sing., annonce que *faute* est déterm.

première . . adj. num. ordin. f. sing., déterm. *faute*.

faute. . . . s. comm. f. sing., attrib. de *désobéir*.

que . . . . pron. rel., 3. pers. du f. sing., rég. dir. de *fit*; son antécéd. est *faute*.

fit. . . . . v. act. au passé déf., 3. pers. du sing., 4. c.

le . . . . . art. m. sing., annonce que *homme* est déterm.

homme . . s. comm. m. sing., suj. de *fit*.

ce . . . . . pron. démonst., 3. pers. du m. sing., attrib. de *désobéir*, répété par pléonasme.

fut . . . . v. subst. au passé déf., 3. pers. du sing., 4. c.

de . . . . . prép.

désobéir . . v. neut. au prés. de l'inf., 2. c., suj. de *fut*.

à . . . . . prép.

Dieu. . . . s. prop. m. sing., rég. indir. de *désobéir*.

La . . . . art. f. sing., annonce que *chose* est déterm.

chose . . . s. comm. f. sing., attrib. de la proposition : *que le vice prenne la place*, etc.

que . . . . pron. rel., 3. pers. du f. sing., rég. dir. de *craindre*; son antécéd. est *chose*.

on . . . . pron. indéf., 3. pers. du m. sing., suj. de *doit*.

doit . . . . v. act. au prés. de l'ind., 3. pers. du sing., 3. c.
craindre . . v. act. au prés. de l'infin., 4. c., rég. dir. de *doit*.
le plus . . . loc. adv., modif. *craindre* (*a*).
ce . . . . . pron. démonst., 3. pers. du m. sing., attrib. de la proposition : *que le vice prenne la place*, etc. ; il est répété par pléonasme.
est. . . . . v. subst. au prés. de l'ind., 3. pers. du sing., 4. c. Son suj. est la proposition suivante : *que le vice prenne*, etc. (24)
que . . . . conjonct.
le . . . . . art. m. sing., annonce que *vice* est déterm.
vice . . . . s. comm. m. sing., suj. de *prenne*.
ne . . . . . adv. de négat.
prenne . . . v. act. au prés. du subj., 3. pers. du s., 4. c.
la . . . . . art. f. sing., annouce que *place* est déterm.
place . . . s. comm. f. sing., rég. dir. de *prenne*.
de . . . . . prép.
la. . . . . . art. f. sing., annonce que *vertu* est déterm.
vertu. . . . s. comm. f. sing., rég. indir. de *place*.

Analysez de même:

La base de toutes les vertus, c'est la religion. Les principales qualités qui distinguent la langue française, c'est la clarté et la précision. Le plus heureux de tous les hommes, c'est celui qui pratique la sagesse. Le meilleur moyen de bien vivre avec soi, c'est de bien vivre avec les autres. Le véritable caractère d'un chrétien, c'est qu'il pardonne à ses ennemis.

(*a*) *Le plus*, *le moins*, *le mieux* forment une locution adverbiale, lorsqu'ils annoncent une qualité portée au plus haut degré : *elle ne pleure pas lors même qu'elle est* LE PLUS *triste*, c.-à-d.,

EXERCICE XXXVII.

Même sujet (75, 79).

Ce qui soutient l'homme au milieu des revers, c'est l'espérance. Ce qu'on admire dans Racine, c'est la correction élégante de son style. Ce qui me révolte, c'est de voir les riches s'enorgueillir de leurs richesses. Ce qui me plaît dans les anciens, c'est qu'ils ont peint la nature avec une noble simplicité.

Ce . . . . . pron. démonst., 3. pers. du m. sing., attrib. de *espérance*.

qui . . . . . pron. rel. 3. pers. du m. sing., suj. de *soutient;* son antécédent est *ce*.

soutient . . v. act. au prés. de l'ind. 3. pers. du sing., 2. c.

le . . . . . . art. m. sing. annonce que *homme* est déterm.

homme . . s. comm. m. sing., rég. dir. de *soutient*.

au . . . . . art. contr.: *à*, prép.; *le*, art. m. sing. annonce que *milieu* est déterm.

milieu . . . s. comm. m. sing., rég. indir. de *soutient*.

des . . . . . art. contr.: *de*, prép.; *les*, art. m. pl., annonce que *revers* est déterm.

revers, . . . s. comm. m. pl., rég. indir. de *milieu*.

ce . . . . . . pron. démonst., 3. pers. du m. sing., attrib. de *espérance*, répété par pléonasme.

est . . . . . v. subst. au prés. de l'ind., 3. pers. du sing., 4. conj.

la . . . . . . art. f. sing., annonce que *espérance* est déterm.

---

lorsqu'elle est triste au plus haut degré; ou quand ils modifient un verbe ou un adverbe : *Racine et Boileau sont les poètes qui* ÉCRIVENT LE MIEUX, *qui s'expriment* LE PLUS NOBLEMENT.

espérance . . s. comm. f. sin. , suj. de *est*.
Ce . . . . pron. démonst., 3. pers. du m. sing., attrib. de *correction*.
que . . . . pron. rel., 3. pers. du m. sing., rég. dir. de *admire* ; son antécéd. est *ce*.
on . . . . . pron. indéf., 3. pers. du m. sing., suj. de *admire*.
admire . . v. act. au prés. de l'ind., 3. pers. du sing., 1. c.
dans. . . . prép.
Racine . . . s. prop. m. sing., rég. indir. de *admire*.
ce . . . . . pron. démonst., 3. pers. du m. sing., attrib. de *correction*, répété par pléonasme.
est . . . . . v. subst. au prés. de l'ind., 3. pers. du sing., 4. conj.
la . . . . . art. f. sing., annonce que *correction* est déterm.
correction. . s. comm. f. sing., suj. de *est*.
élégante . . adj. qualif. f. sing., qualif. *correction*.
de . . . . . prép.
son. . . . . adj. poss. m. sing., déterm. *style*.
style . . . . s. comm. m. sing., rég. indir. de *correction*.
Ce. . . . . pron. démonst., 3. pers. du m. sing., attrib. de *voir*.
qui . . . . pron. rel., 3. pers. du m. sing., suj. de *révolte* ; son antécéd. est *ce*.
me . . . . . pron. pers., 1. pers. du m. sing., rég. dir. de *révolte*.
révolte , . . v. act. au prés. de l'ind., 3. pers. du sing., 1. c.
ce . . . . . pron. démonst., 3. pers. du m. sing., attrib. de *voir*, répété par pléonasme.
est . . . . . v. subst. au prés. de l'ind., 3. pers. du sing., 4. conj.
de . . . . . prép.
voir . . . . v. act. au prés. de l'inf., 3. conj., suj. de *est*.
les . . . . . art. m. pl., annonce que *riches* est déterm..

ches. . . . adj. qualific. m. pl., pris substantiv., rég. dir. de *voir*.

t . . . . . pron. pers., 3. pers. du m. pl., rég. dir. de *enorgueillir*.

norgueillir v. pron. au prés. de l'infin., 2. conj., attrib. de *riches* (33).

le . . . . . prép.

eurs . . . . adj. poss. f. pl., déterm. *richesses*.

ichesses . . s. comm. f. pl., rég. indir. de *s'enorgueillir*.

Ce . . . . . pron. démonst., 3. pers. du m. sing., attrib. de la proposition : *qu'ils ont peint la nature*, etc.

qui . . . . . pron. pers., 3. pers. du m. sing., suj. de *plaît*; son antécéd. est *ce*.

me . . . . . pron. pers., 1. pers. du m. sing., rég. indir. de *plaît*.

plaît . . . . v. neut. au prés. de l'ind., 3. pers. du sing., 4. c.

dans . . . . prép.

les . . . . . art. m. pl., annonce que *anciens* est déterm.

anciens , . . adj. qualific. m. pl, pris substantiv., rég. indir. de *plaît*.

ce . . . . . . pron. démonst., 3. pers. du m. sing., attrib. de la proposition : *qu'ils ont peint la nature*, etc. ; cet attrib. est répété par pléonasme.

est . . . . . v. subst. au prés. de l'ind., 3. pers. du sing., 4. c. Son suj. est la proposition suivante : *qu'ils ont peint la nature* , etc. (24)

que . . . . conjonct.

ils . . . . . pron. pers., 3. pers. du m. pl., suj. de *ont peint*.

ont peint . . v. act. au passé indéf., 3. pers. du pl., 4. c.

la . . . . . art. f. sing, annonce que *nature* est déterm.

nature . . . s. comm. f. sing., rég. dir. de *ont peint*.

avec. . . . prép.

une . . . . adj. num. card. f. sing., déterm. *simplicité*.

noble . . . . adj. qualif. f. sing., qualif. *simplicité*.
simplicité . . s. comm. f. sing., rég. indir. de *ont peint*.

Analysez de même :

Ce qui nous fait endurer les maux dont la vie est semée, c'est la patience. Ce qu'on appelle sagesse (*a*), c'est l'accomplissement exact de ses devoirs. Ce dont (*b*) une ame bien née doit se glorifier, c'est de ne jamais oublier un bienfait. Ce qui caractérise l'homme vertueux, c'est qu'il est plus attaché à ses devoirs qu'à la vie (*c*).

EXERCICE XXXVIII.

Gallicismes de construction (84).

Les méchants en veulent aux gens de bien. On ne doit en user mal avec personne. Il parla longtemps sans qu'on sût où il voulait en venir. On en impose difficilement aux méchants. C'est à Dieu que nous devons tous les avantages dont nous jouissons. C'est dans le creuset qu'on éprouve l'or, c'est dans l'adversité qu'on reconnaît l'ami véritable. Le tombeau confond les rangs : c'est-là que les hommes sont égaux.

Les . . . . art. m. pl., annonce que *méchants* est déterm.
méchants. . adj. qualif. m. pl. pris subst., suj. de *veulent*.
en . . . . . pron. pers., 3. pers. du m. sing., rég. indir. de *veulent*.
veulent . . v. act. pris neutralem. au prés. de l'ind., 3. pers. du pl., 3. c.
aux . . . . art. contr. : *à*, prép. ; *les*, art., annonce que *gens* est déterm.

(*a*) *Sagesse*, attr. de *que*. (*b*) *Dont*, rég. indir. de *se glorifier*. (*c*) *Vie*, rég. indir. de *est attaché*, sous-entendu.

ns . . . . s. comm. m. pl., rég. indir. de *veulent.*
: . . . . . prép.
ien . . . . s. comm. m. sing., rég. indir. de *gens.*
On . . . . pron. indéf., 3. pers. du m. sing., suj. de *doit.*
e. . . . . . adv. de négat.
oit . . . . v. act. au prés. de l'ind., 3. pers. du sing., 3. c.
n. . . . . . pron. pers. 3. pers. du m. sing., rég. indir. de *user.*
user . . . . v. n. au prés. de l'inf., 1. c., rég. dir. de *doit.*
mal . . . . adv. modif. *user.*
avec . . . . prép.
personne . . pron. indéf., 3. pers. du m. sing., rég. indir. de *user.*
Il . . . . . pron. pers., 3. pers. du m. sing., suj. de *parla.*
parla . . . v. neut. au passé déf., 3. pers. du sing., 1. c.
long-temps . loc. adv., modif. *parla.*
sans que . . loc. conjonct.
on. . . . . pron. indéf., 3. pers. du m. sing., suj. de *sût.*
sût . . . . v. act. à l'imparf. du subj., 3. pers. du sing., 3. conj ; son rég. dir. est la propos. *où il voulait en venir.*
où. . . . . adv. modif. *voulait.*
il . . . . . pron. pers., 3. pers. du m. sing., suj. de *voulait.*
voulait. . . . v. act. à l'imp. de l'ind. 3. pers. du sing. 3. c.
en . . . . . pron. pers., 3. pers. du m. sing., rég. indir. de *venir.*
venir. . . . v. neut. au prés. de l'inf., 2. c., rég. dir. de *voulait.*
On . . . . pron. indéf., 3. pers. du m. sing., suj. de *impose.*
en. . . . . pron. pers., 3. pers. du m. sing., rég. indir. de *impose.*

impose. . . v. act. pris neutral. au prés. de l'ind., 3. pers. du sing., 1. conj.
difficilement adv. modif. *impose*.
aux . . . . art. contr. : *à*, prép. ; *les*, art. m. pl., annonce que *méchants* est déterm.
méchants. . adj. qualific. m. pl., pris substantiv., rég. indir. de *impose*.
Ce . . . . pron. démonst., 3. pers. du m sing., suj. de *est*.
est . . . . v. subst. au prés. de l'ind., 3. pers. du sing., 4. conj.
à . . . . . prép.
Dieu . . . s. comm. m. sing., rég. indir. de *devons*.
que . . . . conjonct.
nous. . . . pron. pers. 1. pers. du m. pl., suj. de *devons*.
devons . . . v. act. au prés. de l'ind., 1. pers. du pl., 3. c.
tous . . . . adj. indéf. m. pl., déterm. *avantages*.
les . . . . art. m. pl., annonce que *avantages* est déterm.
avantages. . s. comm. m. pl., rég. dir. de *devons*.
dont. . . . pron. rel., 3. pers. du m. pl., rég. indir. de *jouissons*; son antécéd. est *avantages*.
nous . . . . pron. pers., 1. pers. du m. pl., suj. de *jouissons*.
jouissons. . v. neut. au prés. de l'ind., 1. pers. du pl., 2. c.
Ce . . . . pron. démonst., 3. pers. du m. sing., suj. de *est*.
est. . . . . v. subst. au prés. de l'ind., 3. pers. du sing., 4. conj.
dans. . prép.
le . . . . . art. m. sing., annonce que *creuset* est déterm.
creuset. . . s. comm. m. sing., rég. indir. de *éprouve*.
que . . . . conjonct.
on. . . . . pron. indéf., 3. pers. du m. sing., suj. de *éprouve*.

brouve . . v. act. au prés. de l'ind., 3. pers. du sing., 1. c.
: . . . . . art. m. sing., annonce que *or* est déterm.
r; . . . . s. comm. m. sing., rég. dir. de *éprouve*.
e . . . . . pron. démonst., 3. pers. du m. sing., suj. de *est*.
st . . . . . v. subst. au prés. de l'ind., 3. pers. du sing., 4. conj.
lans . . . . prép.
la . . . . . art. f. sing., annonce que *adversité* est déterm.
adversité . . s. comm. f. sing., rég. indir. de *reconnaît*.
que . . . . conjonct.
on . . . . . pron. indéf., 3. pers. du m. sing., suj. de *reconnaît*.
reconnaît. . v. act. au prés. de l'ind., 3. pers. du sing., 4. c.
le . . . . . art. m. sing., annonce que *ami* est déterm.
ami . . . . s. comm. m. sing., rég. dir. de *reconnaît*.
véritable . . adj. qualific. m. sing., qualif. *ami*.
Le . . . . art. m. sing., annonce que *tombeau* est déterm.
tombeau . . s. comm. m. sing., suj. de *confond*.
confond . . v. act. au prés. de l'ind., 3. pers. du sing., 4. c.
les . . . . art. m. pl., annonce que *rangs* est déterm.
rangs: . . . s. comm. m. pl., rég. dir. de *confond*.
ce . . . . . pron. démonst., 3. pers. du m. sing., suj. de *est*.
est . . . . v. subst. au prés. de l'ind., 3. pers. du sing., 4. conj.
là . . . . . adv. modif. *égaux*.
que . . . . conjonct.
les . . . . art. m. pl., annonce que *hommes* est déterm.
hommes . . s. comm. m. pl., suj. de *sont*.
sont . . . . v. subst. au prés. de l'ind., 3. pers. du pl., 4. conj.
égaux. . . adj. qualific. m. pl., qualif. *hommes*.

Analysez de même :

Toujours la calomnie en veut aux gens d'esprit. Celui qui en use mal avec ses ennemis, prouve qu'il mérite d'en avoir. Il est si diffus qu'on ne sait où il veut en venir. L'honnête homme n'en impose jamais. C'est des Italiens que nous avons reçu la boussole. C'est dans la solitude que toutes les heures laissent des traces; c'est dans la retraite que le sage jouit de lui-même. C'est-là que l'homme de bien goûte un bonheur pur.

EXERCICE XXXIX.

Suite des gallicismes de construction (84, 85).

C'est le temps qui met un terme à nos afflictions. C'est nous qui faisons notre bonheur ou notre malheur. C'est vous que je désire voir. C'est Corneille et Racine qui ont illustré la scène française ; ce sont eux qui nous ont fait voir ce que peut l'imagination unie à la raison. Ce sont les Égyptiens qui ont inventé l'arithmétique.

Ce . . . . pron. démonst., 3. pers. du m. sing., suj. de *est*.
est. . . . . v. subst. au prés. de l'ind., 3. pers. du sing., 4. conj.
le . . . . . art. m. sing., annonce que *temps* est déterm.
temps . . . s. comm. m. sing., attrib. de *ce*.
qui . . . . pron. rel., 3. pers. du m. sing., suj. de *met*. Son antécéd. est *temps*.
met . . . . v. act. au prés. de l'ind., 3. pers. du sing., 4. c.

ı. . . . . adj. num. card. m. sing., déterm. *terme*.
rme . . . s. comm. m. sing., rég. dir. de *met*.
. . . . prép.
ɔs . . . . adj. poss. f. pl., déterm. *afflictions*.
fflictions. . s. comm. f. pl., rég. indir. de *met*.
'e . . . . pron. démonst., 3. pers. du m. sing., suj. de *est*.
't. . . . . v. subst. au prés. de l'ind., 3. pers. du sing., 4. conj.
ous. . . . pron. pers., 1. pers. du m. pl., attrib. de *ce*.
ui . . . . pron. rel., 1. pers. du pl., suj. de *faisons*; son antécéd. est *nous*.
aisons . . v. act. au prés. de l'ind., 1. pers. du pl., 4. c.
otre . . . adj. poss. m. sing., déterm. *bonheur*.
onheur . . subst. comm. m. sing., rég. dir. de *faisons*.
u. . . . . conjonct.
otre. . . . adj. poss. m. sing., déterm. *malheur*.
alheur. . s. comm. m. sing., rég. dir. de *faisons*.
Ce . . . . pron. démonst. 3. pers. du m. sing., suj. de *est*.
st. . . . . v. subst. au prés. de l'ind., 3. pers. du sing., 4. conj.
ous . . . . pron. pers., 2. pers. du m. pl., attrib. de *ce*.
ue . . . . pron. rel., 2. pers. du m. pl., rég. dir. de *voir*; son antécéd. est *vous*.
! . . . . . pron. pers., 1. pers. du m. sing., suj. de *désire*.
ésire . . . v. act. au prés. de l'ind., 1. pers. du sing., 1. c.
oir . . . . v. act. au prés. de l'infin., 3. c., rég. dir. de *désire*.
Ce . . . . pron. démonst. 3. pers. du m. sing. suj. de *est*.
st . . . . v. subst. au prés. de l'ind., 3. pers. du sing., 4. conj.
Corneille. . s. prop. m. sing., attrib. de *ce*.
! . . . . . conjonct.
Racine. . . s. prop. m. sing., attrib. de *ce*.

qui . . . . pron. rel., 3. pers. du m. pl., suj. de *ont illustré*. Son antécéd. est *Corneille et Racine*.
ont illustré. v. act. au passé indéf., 3. pers. du pl., 1. conj.
la . . . . . art. f. sing., annonce que *scène* est déterm.
scène . . . s. comm. f. sing., rég. dir. de *ont illustré*.
française ; . adj. qualific. f. sing., qualif. *scène*.
ce . . . . . pron. démonst., 3. pers. du m. sing., suj. de *sont*.
sont . . . . v. subst. au prés. de l'ind., 3. pers., 4. c.; au pl. par gallicisme, son suj. *ce* étant du sing.
eux . . . . pron. pers., 3. pers. du m. pl., attrib. de *ce*.
qui . . . . pron. rel., 3. pers. du m. pl., suj. de *ont montré*. Son antécéd. est *eux*.
nous . . . . pron. pers., 1. pers. du m. pl., rég. indir. de *ont montré*.
ont montré. v. act. au passé indéf., 3. pers. du pl., 1. c.
ce . . . . . pron. démonst., 3. pers. du m. sing., rég. dir. de *ont montré*.
que . . . . pron. rel., 3. pers. du m. sing., rég. dir. de *peut*. Son antécéd. est *ce*.
peut . . . . v. act. au prés. de l'ind., 3. pers. du sing., 3. c.
la . . . . . art. f. sing., annonce que *imagination* est déterm.
imagination s. comm. f. sing., suj. de *peut*.
unie . . . . v. act. au part. passé f. sing., 2. c., qualif. *imagination*.
à . . . . . prép.
la . . . . . art. f. sing., annonce que *raison* est déterm.
raison . . . s. comm. f. sing., rég. indir. de *unie*.
Ce . . . . pron. démonst., 3. pers. du m. sing., suj. de *sont*.
sont . . . . v. subst. au prés. de l'indic., 3. pers. au pl. par gallicisme, son sujet *ce* étant du sing.

les . . . . art. m. pl., annonce que *Égyptiens* est déterm.
Égyptiens . s. comm. m. pl., attrib. de *ce*.
qui . . . . pron. rel., 3. pers. du m. pl., suj. de *ont inventé*. Son antécéd. est *Egyptiens*.
ont inventé . v. act. au passé indéf., 3. pers. du pl., 1. c.
la. . . . . art. f. sing., annonce que *arithmétique* est déterm.
arithmétique s. comm. f. sing., rég. dir. de *ont inventé*.

Analysez de même :

C'est Jenner qui a découvert la vaccine. C'est nous qu'on accuse injustement de ce crime. C'est vous qui méritez des éloges. C'est l'abondance des richesses et l'abondance des paroles qui perdent les hommes. Ce sont les passions qui causent nos maux : ce sont elles qui sont nos plus grands ennemis.

EXERCICE XL.

Suite des gallicismes de construction (86, 88).

Il est un Dieu. Il faut un grand courage pour supporter les injustices. Il faut travailler quand on est jeune. Il importe de faire la guerre au vice. Il est beau de mourir pour sa patrie. Il arrive souvent que le vice gâte les plus heureux naturels. Il est rare que les sots rendent justice au mérite. Il y a une chose que Dieu seul connaît : c'est notre ame.

Il . . . . . pron. pers., 3. pers. du m. sing., suj. apparent de *est*.
est . . . . . v. imp. au prés. de l'ind., 3. pers. du sing., 4. c.

un . . . . . adj. num. card. m. sing., déterm. *Dieu.*
Dieu. . . . s. comm. m. sing., suj. réel de *est.*
Il . . . . . pron. pers., 3. pers. du m. sing., suj. apparent de *faut.*
faut . . . . v. imp. au prés. de l'ind., 3. pers. du sing., 3. c.
un . . . . . adj. num. card. m. sing. déterm. *courage.*
grand . . . adj. qualif. m. sing., qualifie *courage.*
courage . . s. comm. m. sing., suj. réel de *faut.*
pour . . . . prép.
supporter . v. act. au prés. de l'inf., 1. conj., rég. indir. de *faut.*
les . . . . . art. f. pl., annonce que *injustices* est déterm.
injustices. . s. comm. f. pl., rég. dir. de *supporter.*
Il . . . . . . pron. pers. 3. pers. du m. sing. sujet apparent de *faut.*
faut . . . . v. imp. au prés. de l'ind. 3. pers. du sing. 3. c.
travailler. . v. n. au prés. de l'inf. 1. c. sujet réel de *faut.*
quand. . . . conj.
on . . . . . pron. indéf. 3. pers. du m. sing. sujet de *est.*
est . . . . . v. subs. au prés. de l'ind. 3. pers. du s. 1. c.
jeune . . . . adj. qualific. m. sing. qualific. *on.*
Il. . . . . pron. pers., 3. pers. du m. sing., suj. apparent de *importe.*
importe . . v. imp. au prés. de l'ind., 3. pers. du sing., 1. c.
de . . . . . prép.
faire . . . . v. act. au prés. de l'inf., 4. conj., suj. réel de *importe.*
la . . . . . . art. f. sing., annonce que *guerre* est déterm.
guerre . . . s. comm. f. sing., rég. dir. de *faire.*
au . . . . . art. contr.: *à*, prép.; *le*, art. m. sing., annonce que *vice* est déterm.
vice. . . . . s. comm. m. sing., rég. indir. de *faire.*
Il . . . . . . pron. pers., 3 pers. du m. sing., suj. apparent de *est.*

est . . . . . v. imp. au prés. de l'ind., 3. pers. du sing., 4. c.
beau . . . adj. qualific. m. sing., qualifie *il*.
de . . . . . prép.
mourir . . v. neut. au prés. de l'inf., 2. conj., suj. réel de *est*.
pour . . . . prép.
sa . . . . adj. poss. f. sing., déterm. *patrie*.
patrie. . . s. comm. f. sing., rég. indir. de *mourir*.
Il . . . . . pron. pers., 3. pers. du m. sing., suj. apparent de *arrive*.
arrive . . . v. imp. au prés. de l'ind., 3. pers. du sing., 1. c.; son suj. réel est la proposit. suivante.
souvent . . adv. modifie *arrive*.
que . . . . conjonct.
le . . . . . art. m. sing., annonce que *vice* est déterm.
vice . . . . subst. comm. m. sing., suj. de *gâte*.
gâte . . . . v. act. au prés. de l'ind. 3. pers. du sing., 1. c.
les . . . . art. m. plur., annonce que *naturels* est dét.
plus . . . . adv. modifie *heureux*.
heureux . . adj. qualific. m. pl., qualifie *naturels*.
naturels. . . adj. qualific. m. pl. pris substantiv., rég. dir. de *gâte*.
Il . . . . . pron. pers., 3. pers. du m. sing., suj. apparent de *est*.
est . . . . . v. imp. au prés. de l'ind. 3. pers. du sing., 4. conj. Son sujet réel est la propos. suivante.
rare . . . . adj. qualific. m. sing., qualifie *il*.
que . . . . conjonct.
les . . . . art. m. pl., annonce que *sots* est déterm.
sots . . . . adj. qualific. m. pl. pris substantiv., suj. de *rendent*.
rendent . . v. act. au prés. du subj., 3. pers. du pl. 4. c.
justice . . . s. comm. f. sing., rég. dir. de *rendent*.
au . . . . art. contr. : *à*, prép.; *le*, art. m. sing., annonce que *mérite* est déterm.

mérite. . . .	s. comm. m. sing., rég. indir. de *rendent.*
Il	pron. pers., 3. pers. du m. sing. suj. apparent de *y a.*
y	adv. modifie *a.* } employés par gallicisme pour le v. *exister.*
a	v. imp. au prés. de l'ind. 3. pers. du s. 3. c. } employés par gallicisme pour le v. *exister.*
une	adj. num. card. f. sing. déterm. *chose.*
chose . . .	s. comm. f. sing., suj. réel de *y a.*
que	pron. rel., 3. pers. du f. sing., rég. dir. de *connaît.* Son antécéd. est *chose.*
Dieu . . .	s. prop. m. sing., suj. de *connaît.*
seul	adj. qualific. m. sing., qualifie *Dieu.*
connaît : . .	v. act. au prés. de l'ind., 3. pers. du sing., 4. c.
ce	pron. démonst., 3. pers. du m. sing., suj. de *est.*
est	v. subst. au prés. de l'ind. 3. pers. du sing., 4. conj.
notre	adj. poss. f. sing., déterm. *ame.*
ame. . . .	s. comm. f. sing., attrib. de *ce.*

Analysez de même :

Il est une qualité rare : c'est la modestie. Il faut une grande force d'ame pour supporter la bonne et la mauvaise fortune. Dans le champ de la vie, il faut semer des fleurs. Il appartient aux méchants de craindre la mort : c'est le premier tourment que Dieu leur prépare. Il est doux de chérir ceux qu'il faut qu'on respecte. Il suffit qu'un habile homme n'ait rien négligé pour assurer le succès d'une entreprise. Il y a une chose qu'on ne saurait envisager en face : c'est la mort.

EXERCICE XLI.

Suite des gallicismes (89).

Carthage ne faisait que de succomber, quand les Romains entreprirent de réduire la ville de Sagonte. Quoique certains hommes ne pratiquent pas la vertu, ils ne laissent pas de l'admirer. On a beau chasser la nature, le naturel revient toujours. C'est une faute de manquer de confiance en ses amis.

Carthage . s. prop. f. sing., suj. de *faisait*.
ne....que . adv. modif. *faisait*.
faisait . . v. act. à l'imparf. de l'indic., 3. pers. du sing., 4. conj.
de. . . . . prép.
succomber . v. neut. au prés. de l'infin., 1. c., rég. dir. de *faisait* (*a*).
quand . . . conjonct.
les. . . . . art. m. pl., annonce que *Romains* est déterm.
Romains . s. comm. m. pl., suj. de *entreprirent*.
entreprirent v. act. au passé défin., 3. pers. du pl., 4. c.
de . . . . . prép.
réduire. . . v. act. au prés. de l'infin., 4. c., rég. dir. de *entreprirent* (30).
la . . . . . art. f. sing., annonce que *ville* est déterm.
ville . . . . s. comm. f. sing., rég. dir. de *réduire*.
de. . . . . prép.
Sagonte . . s. prop. f. sing., rég. indir. de *ville*.
Quoique . . conjonct.
certains . . adj. indéf. m. pl., déterm. *hommes*.

(*a*) Il y a dans cette phrase une ellipse; c'est comme s'il y avait : *Carthage* ne *faisait que* l'action *de succomber*. En rétablissant, comme ici, les mots sous-entendus, on fait de *action* le rég. dir. de *faisait*, et de *succomber*, le rég. indir. de *action*.

hommes . . s. comm. m. pl., suj. de *pratiquent*.
ne pas. . . adv. de négat.
pratiquent . v. act. au prés. de l'ind., 3. pers. du pl., 1. c.
la. . . . . art. f. sing., annonce que *vertu* est déterm.
vertu, . . . s. comm. f. sing., rég. dir. de *pratiquent*.
ils. . . . . pron. pers., 3. pers. du m. pl., suj. de *laissent*.
ne pas. . . adv. de négat.
laissent . . v. act. au prés. de l'indicat., 3. pers. du pl., 1. conj.
de . . . . . prép.
la . . . . . pron. pers., 3. pers. du f. sing., rég. dir. de *admirer*.
admirer . . v. act. au prés. de l'infin., 1. c., rég. dir. de *laissent* (*a*).
On . . . . pron. indéf., 3. pers. du masc. sing., suj. de *a*.
a . . . . . v. act. au prés. de l'ind., 3. pers. du sing., 3. conj.
beau. . . . adj. qualific. m. sing., qualif. *jeu*.
(*jeu*) . . . s. comm. m. sing., rég. dir. de *a*.
(*pour*) . . . prép.
chasser . . v. act. au prés. de l'inf., 1. c., rég. indir. de *a*.
la. . . . . art. f. sing., annonce que *nature* est déterm.
nature, . . . s. comm. f. sing., rég. dir. de *chasser*.
le . . . . . art. m. sing., annonce que *naturel* est déterm.
naturel. . . adj. qualific. m. sing., pris substantiv., suj. de *revient*.
revient . . . v. neut. au prés. de l'indic., 3. pers. du sing., 2. conj.

(*a*) On peut également analyser comme s'il y avait : *ils ne laissent pas l'action de l'admirer*. Voy. la note page 175.

toujours . . adv. modif. *revient.*

Ce. . . . . pron. démonst. , 3. pers. du m. sing. , suj. de *est.*

est. . . . . v. subst. au prés. de l'indic. , 3. pers. du sing., 4. c.

une . . . . adj. num. card. f. sing. , déterm. *faute.*

faute . . . s. comm. f. sing., attrib. de *ce.*

de. . . . . prép.

manquer. . v. neut. au prés. de l'infin. , 1. c. , sujet répété par pléonasme du v. *est* (*a*).

de. . . . . prép.

confiance. . s. comm. f. sing. , rég. indir. de *manquer.*

en. . . . . prép.

ses. . . . . adj. poss. m. pl. déterm. *amis.*

amis. . . . s. comm. m. pl., rég. indir. de *manquer.*

Analysez de même :

La campagne ne faisait que de se couvrir de verdure, quand un orage détruisit entièrement l'espérance du laboureur. Quoique le temps soit la seule chose dont la perte soit irréparable, nous ne laissons pas de le prodiguer. Nous avons beau tenir à la vie, il vient un moment où il faut la quitter. C'est un malheur de posséder des richesses, si l'on n'en fait un bon emploi.

(*a*) On peut analyser comme s'il y avait : *c'est une faute* l'action *de manquer de confiance*, et alors *l'action* est le sujet répété par pléonasme du v. *est*, et *de manquer*, le régime indir. de *action*.

EXERCICE XLII.

Observation. Tout verbe qui a pour sujet un *collectif partitif*, s'accorde avec le substantif ou le pronom qui suit : *Une multitude de prodiges étonnent l'imagination.* Cette manière de faire accorder le verbe se nomme *syllepse*, c'est-à-dire, construction qui règle l'accord d'un mot, non avec celui auquel il se rapporte grammaticalement, mais avec un autre mot qui frappe davantage l'esprit. Il y a conséquemment deux sortes de sujets toutes les fois qu'il y a un collectif partitif : le sujet *grammatical*, qui est le collectif, le véritable sujet ; et le sujet *sylleptique*, qui est le régime du collectif, le mot avec lequel l'esprit, vivement frappé, met le verbe en rapport. Ainsi dans l'exemple que nous venons de citer, *multitude* est le sujet grammatical, et *prodiges*, le sujet sylleptique. Dans l'analyse, il faut indiquer ces deux sujets.

Quand le collectif est général, le verbe s'accorde avec le collectif ; il n'y a pas alors de syllepse : le collectif est le seul sujet du verbe, et le substantif ou le pronom suivant est simplement le régime du collectif. Conséquemment dans cette phrase : *la totalité des enfants* SONGE *peu à l'avenir,* TOTALITÉ est le sujet de *songe, et* ENFANTS le régime indirect de *totalité.*

Une foule de nymphes entouraient Calypso. La plupart des hommes pensent bien et vivent mal. Jamais tant de vertus ne furent couronnées. Un grand nombre d'hommes désirent avoir des richesses, mais la plupart ne veulent pas travailler à les acquérir. Beaucoup de personnes voudraient savoir, mais peu désirent apprendre. La totalité de nos vices provient de nos passions.

Une. . . , adj. num. card. f. sing., déterm *foule*.

foule	s. collect. partitif f. sing., suj. grammatical de *entouraient*.
de	prép.
nymphes . .	s. comm. f. pl., rég. indir. de *foule*, et suj. sylleptique de *entouraient*.
entouraient .	v. act. à l'imparf. de l'ind., 3. pers. du pl., 1. conj.
Calypso . .	s. prop. f. sing., rég. dir. de *entouraient*.
La	art. f. sing., annonce que *plupart* est déterm.
plupart . .	s. collect. partitif f. sing., suj. grammatical de *pensent*.
des	art. contr. : *de*, prép. ; *les*, art. m. pl., annonce que *hommes* est déterm.
hommes . .	s. comm. m. pl., rég. indir. de *la plupart*, et suj. sylleptique de *pensent*.
pensent . . .	v. act. pris neutral. au prés. de l'indic., 3. pers. du pl., 1. conj.
bien	adv. modif. *pensent*.
et	conjonct.
(*ils*)	pron. pers., 3. pers. du m. pl., suj. de *vivent*.
vivent . . .	v. neut. au prés. de l'ind., 3. pers. du pl., 4. c.
mal	adv. modif. *vivent*.
Jamais . .	adv. modif. *furent couronnées*.
tant	adv. pris comme collect. partitif, suj. grammatical de *furent couronnées* (*a*).
de	prép.
vertus . . .	s. comm. f. pl., rég. indir. de *tant*, et suj. sylleptique de *furent couronnées*.
ne	adv. de négat.

(*a*) *Un*, adverbe de quantité employé substantivement, comme *peu*, *beaucoup*, *tant*, *infiniment*, etc., joue le rôle d'un collectif partitif.

furent couronnées v. pass. au passé déf., 3. pers. du pl., 1. c.

Un . . . . adj. num. card. m. sing., déterm. *nombre*.

grand . . . adj. qualific. m. sing., qualif. *nombre*.

nombre . . s. collect. partitif m. sing., suj. grammatical de *désirent*.

de . . . . . prép.

hommes . . s. comm. m. pl., rég. indir. de *nombre* et suj. sylleptique de *désirent*.

désirent . . v. act. au prés. de l'ind., 3. pers. du pl., 1. c.

avoir . . . v. act. au prés. de l'infin., 3. c., rég. dir. de *désirent*.

des . . . . art. contr. : *de*, prép., prise dans un sens partitif ; *les*, art. f. plur., annonce que *richesses* est déterm.

richesses, . s. comm. f. pl., rég. dir. de *avoir*.

mais . . . conjonct.

la . . . . . art. f. sing. annonce que *plupart* est déterm.

plupart . . s. collect. partitif f. sing., suj. grammatical de *veulent*.

(*de*) . . . . prép.

(*eux*) . . . pron. pers., 3. pers. du m. pl., rég. indir. de *la plupart*, et suj. sylleptique de *veulent*.

ne pas . . . adv. de négat.

veulent. . . v. act. au prés. de l'ind., 3. pers. du pl., 3. c.

travailler . v. neut. au prés. de l'infin., 1. c., rég. dir. de *veulent*.

à . . . . . prép.

les . . . . pron. pers., 3. pers. du f. pl., rég. dir. de *acquérir*.

acquérir . . v. act. au prés. de l'infin., 2. c., rég. indir. de *travailler*.

Beaucoup . adv. pris comme collect. partitif, suj. grammatical de *voudraient*.

de . . . . . prép.

ersonnes .	s. comm. f. pl., rég. indir. de *beaucoup*, et suj. sylleptique de *voudraient*.
voudraient .	v. act. au condit. prés., 3. pers. du pl., 3. c.
savoir , . .	v. act. pris neutral. au prés. de l'infin., 3. conj., rég. dir. de *voudraient*.
mais . . .	conjonct.
peu	adv. pris comme collect. partitif, suj. grammatical de *désirent*.
(*de*)	prép.
(*elles*) . . .	pron. pers., 3. pers. du f. pl., rég. indir. de *peu*, et suj. sylleptique de *désirent*.
désirent . .	v. act. au prés. de l'ind., 3. pers. du pl, 1. c.
apprendre .	v. act. pris neutral., au prés. de l'infin., 4. c., rég. dir. de *désirent*.
La	art. f. sing. annonce que *totalité* est déterm.
totalité. . .	s. collectif général f. sing., suj. de *provient*.
de	prép.
nos	adj. poss. m. pl. déterm. *vices*.
vices	s. comm. m. pl., rég. indir. de *totalité*.
provient. . .	v. neut. au prés. de l'ind., 3. pers. du sing., 2. conj.
de	prép.
nos	adj. poss. f. pl. déterm. *passions*.
passions . .	s. comm. f. pl., rég. indir. de *provient*.

Analysez de même :

Un nuage d'erreurs environnent l'homme ignorant. La plupart des hommes ont des vertus cachées que le hasard met au grand jour. Peu de malheurs accablent le sage. Une multitude de personnes connaissent leurs défauts, mais un petit nombre tâchent de s'en corriger. Assez de gens méprisent le bien, mais peu savent le donner. L'infinité des perfections de Dieu excite la plus vive admiration.

EXERCCE XLIII.

Participe présent et adjectif verbal.

Le participe présent et l'adjectif verbal qualifient le mot auquel ils se rapportent. — Le participe présent, précédé de la préposition *en* exprimée ou sous-entendue, est toujours régime indirect. Ainsi dans cette phrase : *Nous acquérons de véritables richesses en ornant notre esprit de connaissances utiles*, EN ORNANT est le régime indirect de *acquérons*; et dans celle-ci : *Un jeune homme travaillant avec application, fait des progrès rapides*, c'est-à-dire, *en travaillant avec application*, EN TRAVAILLANT est également le régime indirect de *fait.*

Elle entend les serpents mugissant autour d'elle; elle croit les voir rampant à ses pieds : surprise et tremblante, elle s'éloigne avec précipitation. L'homme acquiert de vraies richesses en ornant son esprit de connaissances utiles. La mer mugissant avec impétuosité, ressemblait à une personne fortement irritée. C'est en se transportant près des pôles et dans la zone torride qu'on juge de la variété de la nature.

Elle. . . . pron. pers., 3. pers. du f. sing., suj. de *entend.*
entend . . . v. act. au prés. de l'ind., 3. pers. du sing., 4. c.
les. . . . . art. m. pl., annonce que *serpents* est déterm.
serpents . . s. comm. m. pl., rég. dir. de *entend.*
mugissant . v. neut. au part. prés., 2. c., qualif. *serpents.*
autour de. . loc. prép.
elle ; . . . pron. pers., 3. pers. du f. sing., rég. indir. de *mugissant.*
elle . . . . pron. pers., 3. pers. du f. sing., suj. de *croit.*
croit. . . . v. act. au prés. de l'ind., 3. pers. du sing., 4. c.

s . . . . pron. pers., 3. pers. du m. pl., rég. dir. de *voir.*
ir . . . . v. act. au prés. de l'inf., 3. c., rég. dir. de *croit.*
ampant. . . v. neut. au part. prés., 1. c., qualif. *les.*
. . . . . prép.
s . . . . adj. poss. m. pl., déterm. *pieds.*
ieds : . . s. comm. m. pl., rég. indir. de *rampant.*
rprise . . v. act. au part. passé, 4. c., qualif. *elle.*
. . . . . conjonct.
emblante, adj. verb. f. sing., qualif. *elle.*
le . . . . pron. pers., 3. pers. du f. sing., suj. de *s'éloigne.*
. . . . . pron. pers., 3. pers. du f. sing., rég. dir. de *éloigne.*
loigne. . . v. pron. au prés. de l'ind., 3. pers. du sing., 1. c.
vec . . . . prép.
récipitation s. comm. f. sing., rég. indir. de *éloigne.*
e . . . . art. m. sing., annonce que *homme* est déterm.
omme . . s. comm. m. sing., suj. de *acquiert.*
cquiert . . v. act. au prés. de l'ind., 3. pers. du sing., 2. c.
e . . . . . prép. prise dans un sens partitif.
raies . . . adj. qualific. f. pl., qualif. *richesses.*
ichesses . . s. comm. f. pl., rég. dir. de *acquiert.*
n. . . . . prép.
rnant. . . v. act. au part. prés., 1. c., rég. indir. de *acquiert.*
on . . . . adj. poss. m. sing., déterm. *esprit.*
sprit . . . s. comm. m. sing., rég. dir. de *ornant.*
le . . . . . prép.
onnaissances s. comm. f. pl., rég. indir. de *ornant.*
tiles. . . . adj qualific. f. pl., qualif. *connaissances.*
La . . . . art. f. sing., annonce que *mer* est déterm.
ner . . . . s. comm. f. sing., suj. de *ressemblait.*
(en) . . . . prép.

mugissant . v. neut. au part. prés., 2. c., rég. indir. de *ressemblait*.
avec . . . . prép.
impétuosité. s. comm. f. sing., rég. indir. de *mugissant*.
ressemblait. v. neut. à l'imparf. de l'ind., 3. pers. du sing., 1. conj.
à . . . . . prép.
une . . . . adj. num. card. f. sing., déterm. *personne*.
personne . . s. comm. f. sing., rég. indir. de *ressemblait*.
fortement . adv. modif. *irritée*.
irritée . . . v. act. au part. passé, 1. c., qualif. *personne*.
Ce . . . . pron. démonst., 3. pers. du m. sing., suj. de *est*.
est . . . . v. subst. au prés. de l'ind., 3. pers. du sing., 4. conj.
en . . . . . prép.
se . . . . . pron. pers., 3. pers. du m. sing., rég. dir. de *transportant*.
transportant v. pron. au part. prés. 1. c. rég. indir. de *juge*.
près de. . . loc. prép.
les. . . . . art. m. pl., annonce que *pôles* est déterm.
pôles. . . . s. comm. m. pl., rég. indir. de *transportant*.
et . . . . . conjonct.
dans. . . . prép.
la . . . . . art. f. sing. , annonce que *zone* est déterm.
zone. . . . s. comm. f. sing., rég. indir. de *transportant*.
torride. . . adj. qualific. f. sing., qualif. *zone*.
que . . . . conjonct.
on. . . . . pron. indéf., 3. pers. du m. sing., suj. de *juge*.
juge . . . . v. act. pris neutral. au prés. de l'indic., 3. pers. du sing., 1. conj.
de. . . . . prép.
la . . . . . art. f. sing., annonce que *variété* est déterm.
variété. . . s. comm. f. sing., rég. indir. de *juge*.

a . . . . . prép.
la . . . . . art. f. sing., annonce que *nature* est déterm.
nature. . . s. comm. f. sing., rég. indir. de *variété*.

Analysez de même :

On apercevait partout des arbres tombant de vétusté, et quelques brebis paissant l'herbe au milieu de leurs débris. Des fleuves qui roulent leurs vagues écumantes semblent menacer la terre d'un envahissement. On ne goûte les charmes de l'étude qu'en s'y livrant avec ardeur. C'est en supportant avec courage le poids de l'adversité qu'on se rend la fortune favorable.

EXERCICE XLIV.

Participe passé.

Les arts sont nés à l'ombre de la paix. Quels malheurs ont terni l'éclat de ses beaux jours? Où la guêpe a passé le moucheron demeure. Quel spectacle est préférable à celui des heureux qu'on a faits? Des vents contraires nous ont conduits dans votre île. L'amour d'une vaine gloire les a égarés. L'habitude des plaisirs les a rendus insensibles aux charmes de la vie champêtre. Colbert répara les maux qu'avait causés un règne orageux.

Les . . . . art. m. pl., annonce que *arts* est déterm.
arts . . . . s. comm. m. pl., suj. de *sont nés*.
sont nés . . v. neut. au passé indéf., 3. pers. du pl., 4. c.
Le part. s'acc. avec son suj.
à . . . . . prép.

la	art. f. sing., annonce que *ombre* est déterm.
ombre . . .	s. comm. f. sing., rég. indir. de *sont nés*.
de	prép.
la	art. f. sing., annonce que *paix* est déterm.
paix. . . .	s. comm. f. sing., rég. indir. de *ombre*.
Quels . . .	adj. indéf. m. pl., déterm. *malheurs*.
malheurs . .	s. comm. m. plur., suj. de *ont terni*.
ont terni . .	v. act. au passé indéf., 3. pers. du pl., 2. c. Le part. est invar. le rég. dir. étant après.
le	art. m. sing., annonce que *éclat* est déterm.
éclat. . . .	s. comm. m. sing., rég. dir. de *ont terni*.
de.	prép.
ses	adj. poss. m. pl., déterm. *jours*.
beaux . . .	adj. qualific. m. pl., qualif. *jours*.
jours? . . .	s. comm. m. pl., rég. indir. de *éclat*.
Où	adv. modif. *a passé*.
la	art. f. sing., annonce que *guêpe* est déterm.
guêpe . . .	s. comm. f. sing., suj. de *a passé*.
a passé . .	v. act. pris neutral. au passé indéf., 3. pers. du sing., 1. c. Le part. est invar. n'ayant pas de rég. direct.
le	art. m. sing., annonce que *moucheron* est déterm.
moucheron .	s. comm. m. sing., suj. de *demeure*.
demeure. .	v. neut. au prés. de l'ind., 3. pers. du sing., 1. conj.
Quel . . .	adj. indéf. m. sing., déterm. *spectacle*.
spectacle . .	s. comm. m. sing., suj. de *est*.
est	v. subst. au prés. de l'ind., 3. pers. du sing., 4. conj.
préférable .	adj. qualific. m. sing., qualif. *spectacle*.
à	prép.
celui	pron. démonst., 3. pers. du m. sing., rég. indir. de *préférable*.

es	art. contr. : *de*, prép. ; *les*, art. m. pl., déterm. *heureux*.
eureux . .	adj. qualific. m. pl., pris substantiv., rég. indir. de *celui*.
ue	pron. rel., 3. pers. du m. pl., rég. dir. de *a faits*. Son antécéd. est *heureux*.
n.	pron. indéf., 3. pers. du m. sing., suj. de *a faits*.
faits ? . .	v. act. au passé indéf., 3. pers. du pl., 4. c. Le part. s'acc., son rég. dir. *que* étant avant.
Des	art. contr.: *de*, prép., prise dans un sens partitif; *les*, art. m. pl., annonce que *vents* est déterm.
vents . . .	s. comm. m. pl., suj. de *ont conduits*.
ontraires .	adj. qualific. m. pl., qualif. *vents*.
ous. . . .	pron. pers., 1. pers. du m. pl., rég. dir. de *ont conduits*.
nt conduits	v. act. au passé indéf., 3. pers. du pl., 4. c. Le part. s'acc., son rég. dir. *nous* étant avant.
lans. . . .	prép.
otre . . .	adj. poss. f. sing., déterm. *île*.
le	s. comm. f. sing., rég. indir. de *ont conduits*.
Le	art. m. sing., annonce que *amour* est déterm.
mour. . .	s. comm. m. sing., suj. de *a égarés*.
le	prép.
une	adj. num. card. f. sing., déterm. *gloire*.
vaine . . .	adj. qualific. f. sing., qualif. *gloire*.
gloire . . .	s. comm. f. sing., rég. indir. de *amour*.
les	pron. pers., 3. pers. du m. pl., rég. dir. de *a égarés*.
a égarés . .	v. act. au passé indéf., 3. pers. du pl., 1. c. Le part. s'acc., son rég. dir. *les* étant avant.
La	art. f. sing., annonce que *habitude* est déterm.
habitude . .	s. comm. f. sing., suj. de *a rendus*.

des	art. contr. : *de*, prép.; *les*, art. m. pl., annonce que *plaisirs* est déterm.
plaisirs . .	s. comm. m. pl., rég. indir. de *habitude*.
les.	pron. pers., 3. pers. du m. pl., rég. dir. de *a rendus*.
a rendus .	v. act. au passé indéf., 3. pers. du sing., 4. c. Le part. s'acc., son rég. dir. *les* étant avant.
insensibles .	adj. qualific. m. pl., qualif. *les*.
aux	art. contr. : *à*, prép.; *les*, art. m. pl. annonce que *charmes* est déterm.
charmes . .	s. comm. m. pl., rég. indir. de *insensibles*.
de.	prép.
la	art. f. sing., annonce que *vie* est déterm.
vie	s. comm. f. sing., rég. indir. de *charmes*.
champêtre .	adj. qualific. f. sing., qualif. *vie*.
Colbert . .	s. prop. m. sing., suj. de *répara*.
répara . . .	v. act. au prés. de l'ind., 3. pers. du sing., 1. c.
les	art. m. pl., annonce que *maux* est déterm.
maux . . .	s. comm. m. pl., rég. dir. de *répara*.
que	pron. rel., 3. pers. du m. pl., rég. dir. de *avait causés*; son antécéd. est *maux*.
avait causés	v. act. au pl.-q.-p. de l'ind. 3. pers. du sing. 1. c. Le part. s'acc., son rég. dir. *que* étant avant.
un	adj. num. card. m. sing., déterm. *règne*.
règne	s. comm. m. sing., suj. de *avait causés*.
orageux. . .	adj. qualific. m. sing., qualifie *règne*.

Analysez de même :

La vertu obscure est souvent méprisée. Charlemagne a encouragé les sciences et les lettres. Sémiramis a régné sur les Assyriens. Conservez précieusement les amis que vous avez faits. Nous avons consolé les malheureux; nous les avons secourus quelquefois; aussi nous ont-ils bénis. Le long usage des plaisirs les

ur a rendus inutiles. Je ne regrette pas les biens que
'a ravis la colère céleste.

EXERCICE XLV.

Participe passé.

es nouvelles se sont répandues promptement. Les Phéniciens s'étaient attiré une multitude d'ennemis. Les poètes épiques se sont toujours plu à décrire les batailles. Nous avons résolu les difficultés que nous nous étions proposées. Ils se sont repentis des fautes qu'ils ont commises. Ils s'étaient imaginé que nous les avions trompés. Nous ne nous sommes pas écrit.

es . . . . adj. démonst. f. pl., déterm. *nouvelles*.
ouvelles . . s. comm. f. pl., suj. de *se sont répandues*.
s . . . . . pron. pers., 3. pers. du f. pl., rég. dir. de *sont répandues*.
ont répandues v. pron. au passé indéf., 3. pers. du pl., 4. c. Le part. s'acc. avec son rég. dir. *se* qui est avant.
romptement. adv. modif. *se sont répandues*.
Les . . . . art. m. pl., annonce que *Phéniciens* est déterm.
Phéniciens s. comm. m. pl., suj. de *s'étaient attiré*.
e . . . . . pron. pers., 3. pers. du m. pl., rég. indir. de *étaient attiré*.
taient attiré v. pron. au pl.-q.-p. de l'ind., 3. pers. du pl., 1. c. Le part. est invar. le rég. dir. étant après.
une . . . . adj. num. card. f. sing., déterm. *multitude*.
multitude . s. comm. f. sing., rég. dir. de *s'étaient attiré*.
de . . . . . prép.
ennemis. . s. comm. m. pl., rég. indir. de *multitude*.
Les . . . . art. m. pl., annonce que *poètes* est déterm.
poètes . . . s. comm. m. pl., suj. de *se sont plu*.
épiques. . . . adj. qualific. m. pl., qualif. *poètes*.

se . . . . . pron. pers., 3. pers. du m. pl., rég. indir. de *sont plu*.

sont plu . . v. pron. au passé indéf., 3. pers. du pl., 4. c. Le part. est invar. n'ayant pas de rég. dir.

toujours . . adv. modif. *se sont plu*.

à . . . . . prép.

décrire . . . v. act. au prés. de l'inf., rég. indir. de *se sont plu*.

les . . . . . art. f. pl., annonce que *batailles* est déterm.

batailles. . . s. comm. f. pl., rég. dir. de *décrire*.

Nous. . . . pron. pers., 1. pers. du m. pl., suj. de *avons résolu*.

avons résolu v. act. au passé indéf., 1. pers. du pl., 4. c. Le part. est invar. le rég. dir. étant après.

les . . . . . art. f. pl., annonce que *difficultés* est déterm.

difficultés . s. comm. f. pl., rég. dir. de *avons résolu*.

que . . . . pron. rel., 3. pers. du f. pl., rég. dir. de *nous étions proposées*. Son antécéd. est *difficultés*.

nous . . . . pron. pers., 1. pers. du m. pl., suj. de *nous étions proposées*.

nous . . . . pron. pers., 1. pers. du m. pl., rég. indir. de *étions proposées*.

étions proposées v. pron. au plus-que-parf. de l'ind., 1. pers. du pl., 1. c. Le part. s'acc. son rég. dir. *nous* étant avant.

Ils . . . . pron. pers., 3. pers. du m. pl., suj. de *se sont repentis*.

se . . . . . pron. pers., 3. pers. du m. pl., rég. dir. de *sont repentis*.

sont repentis v. pron. au passé indéf., 3. pers. du pl., 2. c. Le partic. s'acc. parce que son rég. dir. *se* est avant.

des . . . . art. contr.: *de*, prép.; *les*, art. f. pl., annonce que *fautes* est déterm.

utes . . . s. comm. f. pl., rég. indir. de *se sont repentis.*

te . . . . pron. rel., 3. pers. du f. pl., rég. dir. de *ont commises;* son antécéd. est *fautes.*

. . . . . pron. pers., 3. pers. du m. pl., suj. de *ont commises.*

t commises v. act. au passé indéf., 3. pers. du pl., 4. c. Le part. s'acc. avec son rég. dir. *que*, qui est avant.

. . . . . pron. pers., 3. pers. du m. pl., suj. de *s'étaient imaginé.*

. . . . . . pron. pers., 3. pers. du m. pl., rég. indir. de *étaient imaginé.*

aient imaginé v. pron. au plus-que-parf. de l'ind., 3. pers. du pl. Le part. ne s'acc. pas parce que le rég. dir., la proposition suivante, est après.

ue . . . . conjonct.

ous . . . . pron. pers., 1. pers. du m. pl., suj. de *avions trompés.*

s . . . . . pron. pers., 3. pers. du m. pl., rég. dir. de *avais trompés.*

vions trompés v. act. au plus-que-parf. de l'ind., 1. pers. du pl., 1. c. Le part. s'acc. parce que son rég. dir. *les* est avant.

Vous. . . . pron. pers., 1. pers. du m. pl., suj. de *sommes écrit.*

ous . . . . pron. pers., 1. pers. du m. pl., rég. indir. de *sommes écrit.*

pas . . . adv. de négat.

mmes écrit v. pron. au passé indéf., 1. pers. du pl., 4. c. Le part. est invar. parce qu'il n'a pas de rég. dir.

Analysez de même :

Les Grecs se sont illustrés dans les arts. Les fils de Saturne se sont partagé le domaine de l'Univers. Les méchants se sont toujours nui. Ils ont reçu toutes les lettres qu'ils s'étaient adressées. Des transports de joie se sont emparés de mon ame. Quelques auteurs se sont imaginé qu'ils surpassaient les anciens. Vous vous êtes répondu.

EXERCICE XLVI.

Même sujet.

Il lui est survenu des embarras. Il s'est glissé une erreur dans vos comptes. Les mauvais temps qu'il a fait nous ont empêchés de partir. J'ai reçu la lettre que je vous ai dit que j'attendais. L'affaire a été plus sérieuse que nous ne l'avions pensé. La chose s'est passée comme vous l'aviez prévu.

Il . . . . . pron. pers., 3. pers. du m. sing., suj. apparent de *est survenu.*

lui . . . . . pron. pers., 3. pers. du m. sing., rég. indir. de *est survenu.*

est survenu . v. imp. au passé indéf., 3. pers. du sing., 2.c. Le part. s'acc. avec son suj. *il*, m. sing.

des . . . . art. contr. : *de*, prép., prise dans un sens partitif; *les*, art. m. pl., annonce que *embarras* est déterm.

embarras. . s. comm. m. pl., suj. réel de *est survenu.*

Il . . . . . pron. pers., 3. pers. du m. sing., suj. apparent de *s'est glissé.*

se . . . . . pron. pers., 3. pers. du m. sing., rég. dir. de *est glissé.*

st glissé . . v. imp. au passé indéf., 3. pers. du sing., 1. c. Le part. s'acc. avec son rég. dir. *se*, m. s. qui est avant.
me . . . . adj. num. card. f. sing., déterm. *erreur*.
rreur . . . s. comm. f. sing., suj. réel de *s'est glissé*.
lans . . . . prép.
os . . . . adj. poss. m. pl., déterm. *comptes*.
omptes. . . s. comm. m. pl., rég. indir. de *s'est glissé*.
Les . . . . art. m. pl., annonce que *temps* est déterm.
mauvais . . adj. qualific. m. pl., qualifie *temps*.
temps . . . . s. comm. m. pl., suj. de *ont empêchés*.
que . . . . pron. rel., 3. pers. du m. pl., faux rég. dir. du v. imp. *il a fait* ; (*a*) son antéc. est *temps*.
il . . . . . pron. pers., 3. pers. du m. sing., suj. apparent de *a fait*.
a fait . . . v. imp. au passé indéf., 3. pers. du sing., 4. c. ; le part. est invar., n'ayant pas de rég. dir.
nous . . . . pron. pers., 1. pers du. m. pl., rég. dir. de *ont empêchés*.
ont empêchés v. act. au passé indéf., 3. pers. du pl., 1. c. Le part. s'acc., son rég. dir. *nous* étant avant.
de . . . . . prép.
partir . . . v. neut. au prés. de l'inf., 2. c., rég. indir. de *ont empêchés*.
Je . . . . . pron. pers. 1. pers. du m. sing. suj. de *ai reçu*.
ai reçu . . . v. act. au passé indéf., 1. pers. du sing., 3. c. Le part. est invar., le rég. dir. étant après.
la . . . . . art. f. sing., annonce que *lettre est* déterm.
lettre . . . . s. comm. f. sing., rég. dir. de *ai reçu*.
que . . . . pron. rel., 3. pers. du f. sing., rég. dir. de *attendais* ; son antéc. est *lettre*.

(*a*) Voy. notre *nouv. Gramm.*, page 159, 1re rem.

je . . . . . pron. pers., 1. pers. du m. sing., suj. de *ai dit*.

vous . . . . pron. pers., 2. pers. du m. pl., rég. indir. de *ai dit*.

ai dit . . . . v. act. au passé indéf., 1. pers. du sing., 4. c.; le part. est invar., parce que le rég. dir. est la proposition suivante.

que . . . . . conjonct.

je . . . . . . pron. pers. 1. pers. du m. sing., suj. de *attendais*.

attendais. . . v. act, à l'imp. de l'ind., 1. pers. du sing., 4. c.

La . . . . . art. f. sing., annonce que *affaire* est déterm.

affaire . . . s. comm. f. sing., suj. de *a été*.

a été . . . . v. sub. au pass. indéf. 3. pers. du sing. 4. c.

plus . . . . adv. modifie *sérieuse*.

sérieuse . . adj. qualific. f. sing., qualifie *affaire*.

que . . . . . conjonct.

nous . . . . pron. pers., 1. pers. du m. pl., suj. de *avions pensé*.

ne . . . . . adv. de négat.

le . . . . . pron. pers. 3. pers. du m. sing., rég. dir. de *avions pensé*.

avions pensé. v. act. au plus-q.-parf. de l'ind., 1. pers. du pl., 1. c. Le part. s'accorde avec son rég. dir. *le*, m. sing. qui est avant.

La . . . . . art. f. sing., annonce que *chose* est déterm.

chose . . . s. comm. f. sing., suj. de *s'est passée*.

se . . . . . pron. pers., 3. pers. du f. sing., rég. dir. de *est passée*.

est passée . . v. pron. au passé indéf. 3. pers. du sing. 1. c. Le part. s'acc., son rég. dir. *se* étant avant.

comme . . . conjonct.

nous . . . . pron. pers., 1. pers. du m. pl., suj. de *avions prévu*.

. . . . . pron. pers. 3. pers. du m. sing. rég. dir. de *avions prévu*.

vions prévu v. act. au plus-q.-parf. de l'ind., 3. pers. 1. c. Le part. s'accorde avec son rég. dir. *le*, m. sing. qui est avant.

Analysez de même :

Il leur a fallu une grande force d'ame. Il s'est présenté une difficulté. Les chaleurs qu'il y a eu ont ausé de violents orages. Vous avez oublié les livres ue j'avais demandé que vous apportassiez. La langue nglaise est plus riche que vous ne l'aviez cru. Cette erfidie a eu lieu comme je l'avais soupçonné.

EXERCICE XLVII.

Même sujet.

a lune avait commencé à paraître sur l'horizon. Il nous a priés de lui écrire. Il nous a recommandé de lui écrire. Ils se sont proposés pour nous accompagner. Ils se sont proposé de nous accompagner. Je vous enverrai les lettres qu'il nous a chargés de vous remettre. Je vous remettrai les livres qu'il nous a commandé de vous apporter.

a . . . . . art. f. sing., annonce que *lune* est déterm.

ne. . . . . s. comm. f. sing., suj. de *avait commencé*.

ait commencé v. act. au plus-que-parf. de l'ind., 3. pers. du sing., 1. conj.

. . . . . . prép.

raître . . v. neut. au prés. de l'infin., 4. c. rég. dir. de *avait commencé*.

r . . . . . prép.

. . . . . . art. m. sing., annonce que *horizon* est déterm.

horizon . . s. comm. m. sing., rég. indir. de *paraître*.
Il. . . . . . pron. pers. 3. pers. du m. s., suj. de *a priés*.
nous . . . . pron. pers., 1. pers. du m. pl., rég. dir. de *a priés*.
a priés . . . v. act. au passé indéf., 3. pers. du sing., 1. c. Le part. s'acc., son rég. dir. *nous* étant avant.
de . . . . . prép.
lui . . . . . pron. pers., 3. pers. du m. sing., rég. indir. de *écrire*.
écrire . . . . v. act. à l'infin. 4. c., rég. indir. de *a priés*.
Il. . . . . . pron. pers., 3. pers. du m. sing., suj. de *a recommandé*.
nous . . . . pron. pers., 1. pers. du m. pl., rég. indir. de *a recommandé*.
a recommandé v. act. au passé indéf., 3. pers. du sing., 1. c. Le part. est invar., son rég. dir. étant après.
de . . . . . prép.
lui . . . . . pron. pers., 3. pers. du m. sing., rég. indir. de *écrire*.
écrire . . . . v. act. au prés. de l'infin., 4. conj., rég. dir. de *a recommandé*.
Ils . . . . . pron. pers., 3. pers. du m. pl., suj. de *se sont proposés*.
se . . . . . pron. pers., 3. pers. du m. pl., rég. dir. de *sont proposés*.
sont proposés v. pron. au passé indéf., 3. pers. du pl., 1. c. Le part. s'acc., son rég. dir. *se* étant avant.
pour . . . . prép.
nous . . . . pron. pers., 1. pers. du m. pl., rég. dir. de *accompagner*.
accompagner. v. act. au prés. de l'infin., 1. c., rég. indir. de *se sont proposés*.
Ils . . . . . pron. pers., 3. pers. du m. pl., suj. de *se sont proposé*.

re. . . . . . pron. pers., 3. pers. du m. pl., rég. indir. de *sont proposé*.

sont proposé v. pron. au passé indéf., 3. pers. du pl., 1. c. Le part. est invar. parce que son rég. dir. est après.

de. . . . . . prép.

nous . . . . pron. pers., 1. pers. du m. pl., rég. dir. de *accompagner*.

accompagner. v. act. au prés. de l'infin., 1. c., rég. dir. de *sont proposé*.

Je . . . . . pron. pers., 1. pers. du sing., suj. de *enverrai*.

vous . . . . pron. pers. 2. pers., rég. indir. de *enverrai*.

enverrai . . v. act. au fut. simp., 1. pers. du sing, 1. c.

les . . . . . art. f. pl., annonce que *lettres* est déterm.

lettres . . . s. comm. f. pl., rég. dir. de *enverrai*.

que . . . . . pron. rel., 3. pers. du f. pl., rég. dir. de *remettre*. Son antécéd. est *lettres*.

il. . . . . . pron. pers., 3. pers. du m. sing., suj. de *a chargés*.

nous . . . . pron. pers., 1. pers. du m. pl., rég. dir. de *a chargés*.

a chargés. . v. act. au passé indéf., 3. pers. du sing., 1. c. Le part. s'acc., son rég. dir. *nous* étant avant.

de . . . . . prép.

vous . . . . pron. pers., 2. pers. du m. pl., rég. indir. de *remettre*.

remettre . . v. act. à l'infin. 4. c. rég. indir. de *a chargés*.

Je . . . . . pron. pers., 1. pers. du m. sing., suj. de *remettrai*.

vous . . . . pron. pers., 2. pers. du m. pl., rég. indir. de *remettrai*.

remettrai. . v. act. au fut. simp., 1. pers. du sing., 4. c.

les . . . . . art. m. pl., annonce que *livres* est déterm.

livres . . . . s. comm. m. pl., rég. dir. de *remettrai*.

que . . . . . pron. rel., 3. pers. du m. pl., rég. dir. de *apporter*. Son antécédent est *livres*.

il. . . . . . pron. pers., 3. pers. du m. sing., suj. de *a commandé*.

nous . . . . pron. pers., 1. pers. du m. pl., rég. indir. de *a commandé*.

a commandé v. act, au passé indéf., 3. pers. du sing., 1. c. Le part. est invar., le rég. dir. étant après.

de . . . . . prép.

vous . . . . pron. pers., 2. pers. du m. pl., rég. indir. de *apporter*.

apporter . . v. act. à l'infin. 1. c. rég. dir. de *a commandé*.

Analysez de même:

Calypso avait tâché de détourner Télémaque de la chasse. Il nous a chargés de vous parler. Il nous a ordonné de vous faire des offres. Je les ai engagés à venir. Je leur ai recommandé de se hâter. Les livres qu'il nous avait priés d'apporter se sont trouvés égarés. Les personnes que vous nous aviez recommandé de voir sont parties.

EXERCICE XLVIII.

Même sujet.

Les dames que j'ai entendues chanter ont mérité des applaudissements. Les romances que j'ai entendu chanter m'ont charmé. Quels héros nous avons vus naître? Quelle entreprise utile avons-nous vu former? Il sut imposer silence à ceux qu'il avait fait parler. Je vous ai rendu tous les services que j'ai dû.

Les . . . . . art. f. pl., annonce que *dames* est déterm.

dames . . . . s. comm. f. pl., suj. de *ont mérité*.
que . . . . . pron. rel., 3. pers. du f. pl., rég. dir. de *ai entendues* ; son antécéd. est *dames*.
je . . . . . . pron. pers., 1. pers. du m. sing., suj. de *ai entendues*.
ai entendues . v. act. au passé indéf., 1. pers. du sing., 4. c. Le part. s'acc., son rég. dir. *que* étant avant.
chanter . . . v. act. pris neut. au prés. de l'infin., 1. c., attrib. de *que* (33).
ont mérité . . v. act. au passé indéf., 3. pers. du pl., 1. c. Le part. est invar. parce son rég. dir. est après.
des . . . . . . art. contr. : *de*, prép. prise dans un sens partitif ; *les*, art. m. pl., annonce que *applaudissements* est déterm.
applaudissements. s. comm. m. pl., rég. dir. de *ont mérité*.
Les . . . . . art. f. pl., annonce que *romances* est déterm.
romances . . s. comm. f. pl., suj. de *ont charmé*.
que . . . . . pron. rel., 3. pers. du f. pl., rég. dir. de *chanter*. Son antécéd. est *romances*.
je . . . . . . pron. pers., 1. pers. du m. sing., suj. de *ai entendu*.
ai entendu . v. act. au passé indéf., 1. pers. du sing., 4. conj. Le part. est invar. parce que son rég. dir. est après.
chanter . . . v. act. au prés. de l'infin., 1. c., rég. dir. de *ai entendu*.
me . . . . . pron. pers., 1. pers. du m. sing., rég. dir. de *ont charmé*.
ont charmé. v. act. au pas. indéf., 3. pers. du pl., 1. conj. Le part. s'acc. avec son rég. dir. *me*, qui est *avant*.
Quels . . adj. indéf. m. pl., déterm. *héros*.
héros. . . . s. comm. m. pl., rég. dir. de *avons vus*.

nous . . . . pron. pers., 1. pers. du m. pl., suj. de *avons vus*.

avons vus. . v. act. au passé indéf., 3. pers. du pl. 3. c. Le part. s'acc. avec son rég. dir. *héros*, qui est avant.

naître? . . . v. neut. au prés. de l'infin., 4. c., attrib. de *héros* (33).

Quelle . . . adj. indéf. f. sing., déterm. *entreprise*.

entreprise. . s. comm. f. sing., rég. dir. de *former*.

utile . . . . adj. qualific. f. sing., qualif. *entreprise*.

nous . . . . pron. pers., 1. pers. du m. pl., suj. de *avons vu*.

avons vu. . v. act. au passé indéf., 1. pers. du pl., 3. c. Le part. est invar. parce que le rég. dir. est après.

former? . . v. act. au prés. de l'infin., 1 c., rég. dir. de *avons vu*.

Il. . . . . . pron. pers., 3. pers. du m. sing., suj. de *sut*.

sut . . . . . v. act. au passé déf., 3. pers. du sing., 3. c.

imposer . . v. act. au prés. de l'inf., 1. c., rég. dir. de *sut*.

silence . . . s. comm. m. sing., rég. dir. de *imposer*.

à. . . . . . prép.

ceux. . . . pron. démonst., 3. pers. du m. pl., rég. indir. de *imposer*.

que . . . . pron. rel., 3. pers. du m. pl., rég. dir. de *avait fait parler*; son antécéd. est *ceux*.

il. . . . . . pron. pers., 3. pers. du m. sing., suj. de *avait fait*.

avait fait. . v. act. au plus-que-parf. de l'ind., 3. pers. du sing., 4. conj. Le part. est invar. parce que le rég. dir. *parler* est après (*a*).

(*a*) Le verbe *faire*, suivi immédiatement d'un infinitif, forme, avec cet infinitif, un sens indivisible, de manière que l'un

parler . . . v. neut. au prés. de l'infin., 1. c., rég. dir. de *avait fait*.

Je . . . . . pron. pers., 1. pers. du m. sing., suj. de *ai rendu*.

vous . . . . pron. pers., 2. pers. du m. pl., rég. indir. de *ai rendu*.

ai rendu . . v. act. au passé indéf., 1. pers. du sing., 4. conj. Le part. est invar. parce que le rég. dir. est après.

tous . . . . . adj. indéf. m. pl., déterm. *services*.

les . . . . . art. m. pl., annonce que *services* est déterm.

services . . . s. comm. m. pl., rég. dir. de *ai rendu*.

que . . . . . pron. rel., 3. pers. du m. pl., rég. dir. de *rendre*; son antécéd. est *services*.

je . . . . . . pron. pers., 1. pers. du m. sing., suj. de *ai dû*.

ai dû. . . . v. act. au passé indéf., 1. pers. du sing., 3. conj. Le part. est invar. parce que son rég. dir. est après.

(*vous*) . . . pron. pers., 2. pers. du m. pl., rég. indir. de *rendre*.

(*rendre*). . . v. act. au prés. de l'infin., 4. c., rég. dir. de *ai dû*.

Analysez de même :

Les enfants que j'ai vus dessiner étaient déjà exercés. Les paysages que j'ai vu dessiner étaient fort jolis. Quels soldats nous avons vus combattre ! Quelles

---

et l'autre ne sont, pour ainsi dire, qu'un seul verbe ; d'où il résulte que le régime direct qui précède alors le verbe *faire*, n'est le régime ni de celui-ci, ni de l'infinitif, mais de l'un et de l'autre. C'est ainsi que le pronom relatif *que* est le régime direct de *avait fait parler*.

horreurs nous avons vu commettre pendant ces temps de troubles! Les arts qu'il a fait fleurir ont contribué à sa gloire. Il a obtenu toutes les faveurs qu'il a voulu.

EXERCICE XLIX.

Même sujet.

J'ai acheté du papier, et j'en ai donné une portion. J'ai cueilli des fruits, et j'en ai mangé. Il a écrit plus de lettres que vous n'en avez lu. Le succès ne répondit pas à l'idée que je m'en étais formée. Ils en ont imposé, et on les en a blâmés. Nous n'avons pas réussi comme nous nous en étions flattés. Autant de batailles il a livrées, autant il en a gagné.

Je . . . . . pron. pers., 1. pers. du m. sing., suj. de *ai acheté*.

ai acheté . . v. act. au passé indéf., 1. pers. du sing., 1. c. Le part. est invar., le rég. dir. étant après.

du . . . . . art. contr. : *de*, prép., prise dans un sens part. ; *le*, art. m. sing., annonce que *papier* est déterm.

papier . . . s. comm. m. sing., rég. dir. de *ai acheté*.

et. . . . . . conjonct.

je. . . . . . pron. pers., 1. pers. du m. sing., suj. de *ai donné*.

en . . . . . pron. pers., 3. pers. du m. sing., rég. indir. de *portion*.

ai donné . . v. act. au passé indéf., 1. pers. du sing., 1. conj. Le part. est invar. parce que le rég. dir. est après.

une . . . . adj. num. card. f. sing., déterm. *portion*.

portion. . . s. comm. f. sing., rég. dir. de *ai donné*.

Je . . . . . pron. pers., 1. pers. du m. sing., suj. de *ai cueilli*.

ai cueilli . . v. act. au passé indéf., 1. pers. du sing., 2. conj. Le part. est invar. parce que le rég. dir. est après.

des. . . . . . art. contr. : *de*, prép. prise dans un sens partitif; *les*, art. m. pl., annonce que *fruits* est déterm.

fruits. . . . s. comm. m. pl., rég. dir. de *ai cueilli*.

et . . . . . . conjonct.

je. . . . . . pron. pers., 1. pers. du. m. sing., suj. de *ai mangé*.

en. . . . . . pron. pers., 3. pers. du m. sing., rég. indir. de *portion*.

ai mangé. . . v. act. au passé indéf., 1. pers. du sing., 1. conj. Le part. est invar. parce que le rég. dir. sous-entendu est après le part.

(*une*) . . . . adj. num. card. f. sing., annonce que *portion* est déterm.

(*portion*) . . s. comm. f. sing, rég. dir. de *ai mangé*.

Il . . . . . pron. pers., 3. pers. du m. sing., suj. de *a écrit*.

a écrit . . . v. act. au passé indéf., 3. pers. du sing., 4. conj. Le part. est invar. parce que le rég. dir. est après.

plus . . . . adv. pris substantiv., rég. dir. de *a écrit*.

de . . . . . prép.

lettres . . . s. comm. f. pl., rég. indir. de *plus*.

que . . . . conjonct.

vous . . . . pron. pers., 2. pers. du m. pl., suj. de *avez lu*.

ne . . . . . adv. de négat.

en . . . . . pron. pers., 3. pers. du m. sing., rég. indir. de *portion*, sous-entendu.

avez lu . . . v. act. au passé indéf., 2. pers. du pl., 4. c. Le part. est invar. parce que le rég. dir. *portion* sous-entendu est après.

(*une*) . . . . adj. num. card. f. sing. annonce que *portion* est déterm.

(*portion*) . . s. comm. f. sing., rég. dir. de *avez lu*.

Le . . . . . art. m. sing. annonce que *succès* est déterm.

succès. . . . s. comm. m. sing., suj. de *répondit*.

ne pas . . . adv. de négat.

répondit. . . v. act. pris neutral. au passé défin., 3. pers. du sing., 4. conj.

à . . . . . . prép.

la. . . . . . art. f. sing. annonce que *idée* est déterm.

idée . . . . . s. comm. f. sing., rég. indir. de *répondit*.

que . . . . . pron. rel., 3. pers. du f. sing., rég. dir. de *étais formée*; son antécéd. est *idée*.

je. . . . . . pron. pers., 1. pers. du m. sing., suj. de *étais formée*.

me . . . . . pron. pers., 1. pers. du m. sing., rég. indir. de *étais formée*.

en . . . . . pron. pers., 3. pers. du m. sing., rég. indir. de *étais formée*.

étais formée v. pron. au plus-que-parf. de l'ind., 1. pers. du sing., 1. conj. Le part. s'acc. parce que le rég. dir. *que* est avant.

Ils . . . . . pron. pers., 3. pers. du m. pl., suj. de *ont imposé*.

en . . . . . pron. pers., 3. pers. du m. sing., rég. indir. de *ont imposé*.

ont imposé . v. act. pris neutral. au passé indéf., 3. pers. du pl., 1. conj. Le part. est invar. parce qu'il n'a pas de rég. dir.

et. . . . . . conjonct.

on . . . . . . pron. indéf., 3. pers. du m. sing., suj. de *a blâmés*.

les . . . . . pron. pers., 3. pers. du m. pl., rég. dir. de *a blâmés*.

en . . . . . . pron. pers. 3. pers. du m. sing., rég. indir. de *a blâmés*.

a blâmés . . v. act. au passé indéf., 3. pers. du pl., 1. c. Le part. s'acc., le rég. dir. *les* étant avant.

Nous . . . pron. pers., 1. pers. du m. pl., suj. de *avons réussi*.

ne pas . . . adv. de négat.

avons réussi v. neut. au passé indéf., 1. per. pl. 2. conj. Le part. est invar., parce qu'il n'a pas de rég. dir.

comme . . . conjonct.

nous . . . . . pron. pers., 1. pers. du m. pl., suj. de *étions flattés*.

nous . . . . . pron. pers., 1. pers. du m. pl., rég. dir. de *étions flattés*.

en . . . . . . pron. pers., 3. pers. du m. sing., rég. indir. de *étions flattés*.

étions flattés v. pron. au plus-que-parf. de l'ind., 1. pers. du pl., 1. conj. Le part. s'acc. parce qu'il est précédé de son rég. dir. *nous*.

Autant . . . adv. pris substantiv., comme collectif part., rég. dir. *grammatical* de *a livrées*.

de . . . . . . prép.

batailles . . s. comm. f. pl., rég. indir. de *autant*, et rég. dir. *sylleptique* de *a livrées*.

il . . . . . . pron. pers., 3. pers. du m. sing., suj. de *a livrées*.

a livrées. . . v. act. au passé indéf., 3. pers. du sing., 1. conj. Le part. s'acc. avec le rég. dir. sylleptique *batailles*.

autant . . . adv. pris substantiv. comme collectif part.,

régime direct grammatical de *a gagné.*

il . . . . . . pron. pers., 3. pers. du m. sing., suj. de *a gagné.*

en. . . . . . pron. pers., 3. pers. du m. sing., rég. indir. de *autant*, et rég. dir. sylleptique de *a gagné.*

a gagné. . . v. act. au passé indéf., 3. pers. du sing., 1. conj. Le part. est invar. parce que le rég. dir. sylleptique est du m. sing.

Observation. On voit par les deux dernières phrases analysées que le participe peut avoir un régime direct *grammatical*, et un régime direct *sylleptique*, de même que le verbe a, dans certains cas (Voy. p. 178), un sujet grammatical et un sujet sylleptique.

Il y a régime direct *grammatical* et régime direct *sylleptique* toutes les fois qu'il y a un collectif partitif ou un adverbe de quantité pris substantivement et suivi de son régime : le collectif partitif ou l'adverbe est le régime direct grammatical, et le substantif ou le pronom régime du collectif ou de l'adverbe, est le régime direct sylleptique, c'est-à-dire, celui avec lequel l'accord du participe a lieu, comme frappant le plus l'esprit.

Analysez de même :

Il avait amassé de la fortune, et il en a dépensé une portion. Il a écrit des lettres, et il m'en a envoyé. Elle s'est accusée de plus de fautes qu'elle n'en a fait. Il haïssait Cassius, et ne songeait qu'à venger quelques injures qu'il en avait reçues. Il a des talents, et il n'en a pas profité. Ils se sont mal conduits, et on les en a punis. On les a offensés, mais ils s'en sont vengés. Autant de projets il a formés, autant il en a exécuté.

EXERCICE L.

Même sujet.

Nous les avons félicités du peu de prudence qu'ils ont montrée. Nous les avons blâmés du peu de prudence qu'ils ont montré. Les dix années que la guerre a duré ont produit bien des maux. Je compte pour rien les instants que j'ai vécu loin de vous. Nous avons payé les mille francs que ce cheval a coûté. Une mère ne regrette pas les peines que son enfant lui a coûtées. Ces livres ont valu cent francs. Que de désagréments cette démarche m'a valus!

Nous. . . . pron. pers., 1. pers. du m. pl., suj. de *avons félicités*.

les . . . . . pron. pers., 3. pers. du m. pl., rég. dir. de *avons félicités*.

avons félicités v. act. au passé indéf., 1. pers. du pl., 1. c. Le part. s'acc., son rég. dir. *les* étant avant.

du. . . . . art. contr.: *de*, prép.; *le*, art. m. sing., annonce que *peu* est déterm.

peu . . . . . adv. pris subst., rég. indir. de *avons félicités*.

de. . . . . . prép.

prudence . . s. comm. f. sing., rég. indir. de *peu*.

que . . . . pron. rel., 3. pers. du f. sing., rég. dir. de *ont montrés*; son antécéd. est *prudence* (a).

ils . . . . . pron. pers., 3. pers. du m. pl., suj. de *ont montrée*.

ont montrée v. act. au passé indéf., 3. pers. du pl., 1. c. Le part. s'acc. avec son rég. dir. *que*, f. sing. qui est avant.

(a) Voy. notre *nouv. Gramm.*, page 164, 6e rem.

Nous . . . . pron. pers., 1. pers. du m. pl., suj. de *avons blâmés*.

les . . . . . pron. pers., 3. pers. du m. pl., rég. dir. de *avons blâmés*.

avons blâmés v. act. au passé indéf., 1. pers. du pl. 1. c. Le part. s'acc. parce que son ré. dir. *les* est avant.

du . . . . . . art. contr. : *de*, prép. ; *le*, art. m. sing. annonce que *peu* est déterm.

peu . . . . . adv. pris subst., rég. indir. de *avons blâmés*.

de. . . . . . prép.

prudence . . s. comm. f. sing., rég. indir. de *peu*.

que. . . . . pron. rel., 3. pers. du m. sing., rég. dir. de *ont montré* ; son antécéd. est *peu*.

ils . . . . . pron. pers., 3. pers. du m. pl., suj. de *ont montré*.

ont montré . v. act. au passé indéf., 3. pers. du pl., 1. c. Le part. s'acc. avec son rég. dir. *que*, m. sing. qui est avant.

Les . . . . art. f. pl. annonce que *années* est déterm.

dix . . . . . adj. num. card. f. pl., déterm. *années*.

années . . . s. comm. f. pl., suj. de *ont produit*.

que . . . . . pron. rel., 3 pers. du f. pl., rég. indir. de *a duré*, à cause de la prép. *pendant* sous-entendue (72) ; son antécéd. est *années*.

la . . . . . . art. f. sing. annonce que *guerre* est déterm.

guerre . . . s. comm. f. sing., suj. de *a duré*.

a duré . . . v. neut. au passé indéf., 3. pers. du sing., 1. c. Le part. est invar. n'ayant pas de rég. dir.

ont produit : v. act. au passé indéf., 3. pers. du pl., 4. c. Le part. est invar. parce que le rég. dir. est après.

bien . . . . adv. pris substant., rég. dir. de *ont produit*.

des . . . . . art. contr. : *de*, prép. ; *les*, art. m. pl., annonce que *maux* est déterm.

naux. . . . s. comm. m. pl., rég. indir. de *bien*.
Je . . . . . pron. pers. 1. pers. du m. s., suj. de *compte*.
compte . . . v. act. au prés. de l'ind., 1. pers. du sing., 1. c.
pour . . . . prép.
rien. . . . . s. comm. m. sing., rég. indir. de *compte*.
les . . . . . art. m. pl., annonce que *instants* est déterm.
instants . . . s. comm. m. pl., rég. dir. de *compte*.
que . . . . . pron. rel., 3. pers. du m. pl., rég. indir. de *ai vécu*, à cause de la prép. *pendant*, sous-entendue (72) ; son antécéd. est *instants*.
je . . . . . . pron. pers., 1. pers. du m. sing., suj. de *ai vécu*.
ai vécu . . . v. neut. au passé indéf., 1. pers. du sing., 4. c. Le part. est invar. parce qu'il n'a pas de rég. dir.
loin de . . . loc. prép.
vous . . . . pron. pers., 2. pers. du m. pl., rég. indir. de *ai vécu*.
Nous . . . pron. pers., 1. pers. du m. pl., suj. de *avons payé*.
avons payé. v. act. au passé indéf., 1. pers. du pl., 1. c. Le part. est invar. parce que le rég. dir. est après.
les . . . . . art. m. pl., annonce que *francs* est déterm.
mille . . . . adj. num. card. m. pl. déterm. *francs*.
francs . . . s. comm. m. pl, rég. dir. de *avons payé*.
que. . . . . pron. rel., 3. pers. du m. pl., rég. indir. de *a coûté*, à cause d'une prép. sous-entendue (72) ; son antécéd. est *francs*.
ce . . . . . . adj. démonst. m. sing., déterm. *cheval*.
cheval . . . s. comm. m. sing., suj. de *a coûté*.
a coûté . . . v. neut. au passé indéf., 3. pers. pl. 1. c. Le part. est invar. parce qu'il n'a pas de rég. dir.
Une. . . . . adj. num. card. f. sing., déterm. *mère*.

mère . . . . s. comm. f. sing., suj. de *regrette*.
ne pas . . . adv. de négat.
regrette . . . v. act. au prés. de l'ind., 1. pers. du sing., 1. c.
les . . . . . art. f. pl., annonce que *peines* est déterm.
peines . . . s. comm. f. pl., rég. dir. de *regrette*.
que . . . . pron. rel., 3. pers. du f. pl., rég. dir. de *a coûtées*. Son antécéd. est *peines*.
son . . . . adj. poss. m. sing., déterm. *enfant*.
enfant . . . s. comm. m. sing., suj. de *a coûtées*.
lui . . . . . pron. pers., 3. pers. du f. sing., rég. indir. de *a coûtées*.
a coûtées . . v. neut. pris activ. au passé indéf., 3. pers. du pl., 1. conj. Le part. s'accorde, parce que son rég. dir. *que* est avant.
Ces . . . . adj. démonstrat. m. pl., déterm. *livres*.
livres . . . s. comm. m. pl., suj. de *ont valu*.
ont valu . . v. neut. au passé indéf., 3. pers. du pl., 3. conj. Le part. est invar., parce qu'il n'a pas de rég. dir.
cent . . . . adj. num. card. m. pl., déterm. *francs*.
francs . . . s. comm. m. pl., rég. indir. de *ont valu*, à cause d'une préposition sous-entendue (72).
Que . . . . adv. pris substantiv., rég. dir. *grammatical* de *ont valus*.
de . . . . . prép.
désagréments s. comm. m. pl., rég. indir. de *que*, et rég. dir. *sylleptique* de *ont valus*.
cette . . . . adj. démonst. f. sing., déterm. *démarche*.
démarche . s. comm. f. sing., suj. de *a valus*.
me . . . . . pron. pers., 1. pers. du m. sing., rég. indir. de *a valus*.
a valus ! . . v. neut. pris activ. au passé indéf., 3. pers. du sing., 3. conj. Le part. s'accorde avec son rég. dir. sylleptique *désagréments*.

Analysez de même :

Elle regagna par une course rapide le peu de moments qu'elle avait perdus. Ils ont été découragés par le peu de bienveillance que vous leur avez témoigné. Tous les instants qu'il a gémi dans la captivité se sont écoulés bien lentement. Que d'heureux n'a-t-il pas faits pendant le temps qu'il a régné ! Les cent francs que ces livres ont coûté ne sont pas encore payés. Nous goûtons à chaque instant le prix des sacrifices que la vertu nous a coûtés. Que d'égards de beaux habits nous ont souvent valus!

EXERCICE LI.

Quel que, quelque... que. Tout... que.

Quelle que soit votre naissance, quelque grandes que soient vos richesses, quelques dignités que vous possédiez, souvenez-vous que vous frustrez les vues de la Providence, si vous n'en faites pas usage pour le bien de l'humanité. Tout utile qu'est la science, on la néglige souvent. Tout méchants que sont les hommes, aimons-les. Toute belle qu'est la nature, quelquefois elle ne nous frappe point.

Quel que, *quelque...que* avec le verbe qui suit au subjonctif sont des constructions elliptiques. Il y a ellipse d'un verbe qui exige le subjonctif, et ce verbe est *supposer*. Ex. : *quelle que soit votre naissance*, c'est-à-dire *supposez* ou *en supposant* quelle que soit votre naissance. *Quelque grandes que soient vos richesses*, c'est-à-dire, *supposez* ou *en supposant* quelque grandes que soient vos richesses. *Quelques dignités que vous possédiez*, c'est-à-dire, *supposez* ou *en supposant* quelques dignités que vous possédiez. Dans ces sortes de constructions, l'analyse n'exige pas rigoureusement le rétablissement des mots sous-entendus, excepté lorsque *quelque* est suivi d'un substantif, qui est alors le régime direct du verbe *supposer* : autrement ce substantif n'aurait pas de fonction dans la phrase.

Quelle . . . adj. indéf. f. sing., déterm. *naissance*.
que . . . . conjonct.
soit . . . . v. subst., au prés. du subj., 3. pers. du sing., 4. c.
votre. . . . adj. poss. f. sing., déterm. *naissance*.
naissance . s. comm. f. sing., suj. de *soit*.
quelque . . adv. modif. *grandes*.
grandes . . adj. qualific. f. pl., qualif. *richesses*.
que . . . . conjonct.
soient . . . v. subst. au prés. du subj., 3. pers. du pl., 4. c.
vos . . . . adj. poss. f. pl., déterm. *richesses*.
richesses . . s. comm. f. pl., suj. de *soient*.
(*supposez*). . v. act. à l'impér. 2. pers. du pl. 1. c.
quelques . . adj. indéf. f. pl., déterm. *dignités*.
dignités . . s. comm. f. pl., rég. dir. de *supposez*.
que . . . . pron. rel., 3. pers. du f. plur., rég. dir. de *possédiez*. Son antécéd. est *dignités*.
vous. . . . pron. pers., 2. pers. du m. pl., suj. de *possédiez*.
possédiez. . v. act au prés. du subj., 2. pers. du pl., 1. c.
souvenez . . v. pron. à l'impér., 2. pers. du pl., 2. c.
vous. . . . pron. pers., 2. pers. du m. pl., rég. dir. de *souvenez*.
que . . . . conjonct.
vous. . . . pron. pers., 2. pers. du m. pl., suj. de *frustrez*.
frustrez . . v. act. au prés. de l'ind., 2. pers. du pl., 1. c.
les. . . . . art. f. pl., annonce que *vues* est déterm.
vues . . . . s. comm. f. pl., rég. dir. de *frustrez*.

le . . . . . . prép.
a . . . . . . art. f. sing., annonce que *Providence* est déterm.
Providence. s. comm. f. sing., rég. indir. de *vues*.
i . . . . . . conjonct.
ous . . . . pron. pers., 2. pers. du m. pl., suj. de *faites*.
ne pas . . . adv. de négat.
n. . . . . pron. pers., 3. pers. du m. sing., rég. indir. de *usage*.
faites . . . . v. act. au prés. de l'ind., 2. pers. du pl., 4. c.
usage . . . s. comm. m. sing., rég. dir. de *faites*.
pour. . . . prép.
le . . . . . art. m. sing., annonce que *bien* est déterm.
bien . . . . s. comm. m. sing., rég. indir. de *faites*.
de . . . . . prép.
la . . . . . art f. sing., annonce que *humanité* est déterm.
humanité. . s. comm. f. sing., rég. indir. de *bien*.
Tout . . . adv. modif. *utile*.
utile. . . . adj. qualific. m. sing., qualif. *science*.
que . . . . conjonct.
est. . . . . v. subst. au prés. de l'ind., 3. pers. du sing., 4. conj.
la . . . . . art. f. sing., annonce que *science* est déterm.
science, . . s. comm. f. sing., suj. de *est*.
on. . . . . pron. indéf., 3. pers. du m. sing., suj. de *néglige*.
la . . . . . pron. pers., 3. pers. du f. sing., rég. dir. de *néglige*.
néglige. . . v. act. au prés. de l'ind., 3. pers. du sin., 1. c.
souvent. . . adv. modif. *néglige*.
Tout . . . adv. modif. *méchants*.
méchants. . adj. qualific. m. pl., qualif. *hommes*.
que . . . . conjonct.
sont . . . . v. subst. au prés. de l'ind., 3. pers. du pl., 4. c.

les . . . . art. m. pl., annonce que *hommes* est déterm.
hommes . . s. comm. m. pl., suj. de *sont*.
(*nous*) . . . pron. pers., 1. pers. du m. pl., suj. de *aimons*.
aimons . . v. act. à l'impér., 1. pers. du pl., 1. c.
les . . . . pron. pers., 3. pers. du m. pl., rég. dir. de *aimons*.
Toute . . . adv. modif. *belle*. Il varie par euphonie devant un adj. f. commençant par une consonne. Voy. notre *nouv. Gramm.*, p. 119.
belle. . . . adj. qualific. f. sing., qualif. *nature*.
que . . . . conjonct.
est . . . . v. subst. au prés. de l'ind., 3. pers. du sing., 4. conj.
la . . . . . art. f. sing., annonce que *nature* est déterm.
nature. . . s. comm. f. sing., suj. de *est*.
quelquefois. adv. modif. *frappe*.
elle . . . . pron. pers., 3. pers. du f. sing., suj. de *frappe*.
ne point . . adv. de négat.
nous. . . . pron. pers., 1. pers. du m. pl., rég. dir. de *frappe*.
frappe. . . v. act. au prés. de l'ind., 3. pers. du sing., 1. c.

Analysez de même:

Quelles que soient les lois, nous devons les respecter. Quelque mauvais que soit un livre, il est rare qu'on ne puisse y apprendre quelque chose. Quelques richesses que nous ayons, nous irons visiter le royaume de Pluton. Tout agréable qu'est la beauté, elle ne vaut pas un bon esprit. Tout profonds que sont les philosophes, ils ignorent bien des choses. Toutes sublimes que sont ces vérités, elles ne l'ont pas touché.

EXERCICE LII.

Voici, voilà.

Ces deux prépositions sont composées de la seconde personne u sing. de l'impératif du verbe *voir*, combinée avec les adveres *ici, là*. Dans l'analyse, on fait la décomposition de *voici* et e *voilà*, et l'énumération qui précède ou suit forme l'attribut 'une proposition dont le sujet et le verbe sont sous-entendus.

'oici trois choses qui sont le mobile de nos actions : l'intérêt, le plaisir et la gloire. La droiture du cœur et la pureté des mœurs, voilà la seule gloire réelle que personne ne puisse nous disputer.

Tu) . . . . pron. pers. 2. pers. du m. sing., suj. de *vois*.

ois . . . . v. act. à l'impér., 2. pers. du sing., 3. c.

i . . . . . adv. modif. *vois*.

ois . . . . adj. num. card. f. pl., déterm. *choses*.

hoses . . . s. comm. f. pl., rég. dir. de *vois*.

ui . . . . pron. rel., 3. pers. du f. pl., sujet de *sont*. Son antécéd. est *choses*.

ont . . . . v. subst. au prés. de l'ind. 3. pers. du pl. 4. c.

. . . . . art. m. sing., annonce que *mobile* est déterm.

obile . . . s. comm. m. sing., attribut de *qui*.

. . . . . prép.

os . . . . adj. poss. f. pl., déterm. *actions*.

tions : . . s. comm. f. pl., rég. indir. de *mobile*.

e) . . . . pron. dém., 3. pers. du m. sing., suj. de *est*.

st) . . . . v. subst. au prés. de l'ind. 3. pers. du sing. 4. c.

. . . . . art. m. sing., annonce que *intérêt* est déterm.

térêt . . . s. comm. m. sing., attrib. de *ce*.

. . . . . art. m. sing., annonce que *plaisir* est déterm.

aisir . . . s. comm. m. sing., attrib. de *ce*.

. . . . . conjonct.

. . . . . art. f. sing., annonce que *gloire* est déterm.

oire . . . s. comm. f. sing., attrib. de *ce*.

(*Tu*). . . . pron. pers., 2. pers. du m. sing., suj. de *vois*.
vois . . . . v. act. à l'impér., 2. pers. du sing., 3. c.
là . . . . . adv. modif. *vois*.
la . . . . . art. f. sing., annonce que *gloire* est déterm.
seule. . . . adj. qualific. f. sing., qualif. *gloire*.
gloire . . . s. comm. f. sing., rég. dir. de *vois*.
réelle . . . adj. qualific. f. sing., qualif. *gloire*.
que . . . . pron. rel. 3. pers. du f. sing., rég. dir. de *disputer*. Son antécéd. est *gloire*.
personne . . pron. indéf. 3. pers. du m. sing. suj. de *puisse*.
ne . . . . . adv. de négat.
puisse . . . v. act. au prés. du subj., 3. pers. du sing., 3. c.
nous . . . . pron. pers., 1. pers. du m. pl., rég. indir. de *disputer*.
disputer. . . v. act. à l'inf., 1. c., rég. dir. de *puisse*.
(*ce*) . . . . pron. démonst., 3. pers. du m. sing., suj. de *est*.
(*est*). . . . v. subst. au prés. de l'ind., 3. pers. du sing., 4. conj.
la . . . . . art. f. sing., annonce que *droiture* est déterm.
droiture . . s. comm. f. sing., attrib. de *ce*.
du. . . . . art. contr. : *de*, prép.; *le*, art. m. sing., annonce que *cœur* est déterm.
cœur. . . . s. comm. m. sing., rég. indir. de *droiture*.
et . . . . . conjonct.
la . . . . . art. f. sing., annonce que *pureté* est déterm.
pureté . . . s. comm. f. sing., attrib. de *ce*.
des . . . . art. contr. : *de*, prép.; *les*, art. f. pl., annonce que *mœurs* est déterm.
mœurs. . . s. comm. f. pl., rég. indir. de *pureté*.

Analysez de même :

Voici trois choses que nous devons consulter dans toutes nos actions : le juste, l'honnête et l'utile. Gaieté, doux exercice et modeste repas : voilà trois médecins qui ne trompent jamais.

PROGRAMME DE QUESTIONS

SUR LA

PREMIÈRE PARTIE

DE LA NOUVELLE

GRAMMAIRE FRANÇAISE

DE MM. NOËL ET CHAPSAL.

PREMIÈRE PARTIE.

INTRODUCTION.

1. Qu'est-ce que la Grammaire française ?
2. De quoi se sert-on pour parler et pour écrire ?
3. De quoi sont composés les mots ?
4. Combien y a-t-il de sortes de lettres ?
5. Qu'est-ce que les voyelles, et quelles sont les lettres ainsi appelées ?
6. Qu'entend-on par voyelles nasales ?
7. Qu'est-ce que les consonnes, et quelles sont les lettres ainsi nommées ?
8. Comment se divisent les voyelles ?
9. Qu'appelle-t-on voyelles longues ? — brèves ?
10. Donnez des exemples de voyelles longues et brèves ?
11. Combien distingue-t-on de sortes d'*e* ?
12. Qu'est-ce que l'*e* muet ? — l'*é* fermé ? — l'*è* ouvert ?
13. Quand l'*y* s'emploie-t-il pour un *i* ?
14. Quand s'emploie-t-il pour deux *i* ?
15. Combien y a-t-il de sortes d'*h* ?
16. Qu'est-ce que l'*h* muette ? — aspirée ?
17. Qu'est-ce qu'une syllabe ?
18. Que nomme-t-on diphthongue ?
19. Qu'appelle-t-on monosyllabe ? — dissyllabe ? — trissyllabe ? — polysyllabe ?
20. Combien d'espèces de mots composent le discours ?
21. Quels sont ces mots ?

CHAPITRE I.

Du substantif.

1. Qu'est-ce que le *substantif ?*
2. Combien distingue-t-on de sortes de substantifs ?
3. Qu'est-ce que le substantif *propre ?*
4. Qu'est que le substantif *commun ?*
5. Qu'appelle-ton substantifs *collectifs ?* — collectifs généraux ? — collectifs partitifs ?
6. Quel est le mot qui précède, en général, un collectif partitif ?
7. Combien les substantifs ont-ils de propriétés ?
8. Qu'est-ce que le *genre ?*
9. Combien y a-t-il de genres ?
10. De quel genre sont les substantifs représentant des êtres inanimés ?
11. Qu'est-ce que le *nombre ?*
12. Que désigne le *singulier ?*
13. Que désigne le *pluriel ?*
14. Tous les substantifs sont-ils susceptibles des deux nombres ?

Formation du pluriel dans les substantifs.

15. Comment forme-t-on le pluriel des substantifs ?
16. Comment s'écrivent au pluriel les substantifs terminés au singulier par *s*, *x*, *z* ?
17. Quelle lettre prennent au pluriel les substantifs terminés au singulier par *au* et par *eu ?*
18. Que remarquez-vous sur les substantifs en *ou ?*
19. Comment les substantifs terminés au singulier par *al*, font-ils au pluriel ?
20. Quels sont les mots exceptés ?
21. Comment les substantifs en *ail* font-ils leur pluriel ?
22. Quels sont les substantifs en *ail* qui font leur pluriel en *aux* ?
23. Quel est le pluriel du substantif *ail* ?
24. Comment *ciel* fait-il son pluriel ?
25. Comment *œil* fait-il le sien ?
26. Comment *aïeul* fait-il au pluriel ?
27. Que remarquez-vous sur les pluriels des substantifs terminés par *ant* et par *ent ?*

CHAPITRE II.

De l'article.

1. Quel mot nomme-t-on article dans la langue française ?
2. Quelle est la fonction de l'article ?
3. Quand le substantif commun est-il employé dans un *sens déterminé* ?
4. Dans quel cas le substantif commun désigne-t-il un *genre* ? — une *espèce* ? — un *individu particulier* ?
5. A quels changements est sujet l'article ?
6. Qu'est-ce que l'*élision* ?
7. Qu'est-ce que la *contraction* ?
8. Devant quelles lettres n'a pas lieu la contraction *au*, *du* ?

CHAPITRE III.

De l'adjectif.

1. Qu'est-ce que l'*adjectif* ?
2. Combien y a-t-il de sortes d'adjectifs ?

Des adjectifs qualificatifs.

3. Quelle est la fonction de l'adjectif qualificatif ?
4. Combien y a-t-il de degrés de *qualification* dans les adjectifs ?
5. Qu'exprime le *positif* ?
6. Qu'exprime le *comparatif* ?
7. Combien y a-t-il de sortes de comparatifs ?
8. Comment forme-t-on le comparatif d'*égalité* ? — d'*infériorité* ? — de *supériorité* ?
9. Quels sont les adjectifs qui expriment à eux seuls un comparatif de supériorité ?
10. Qu'exprime le *superlatif* ?
11. Combien distingue-t-on de superlatifs ?
12. Quelle différence entre les deux superlatifs ?
13. Comment forme-t-on le superlatif *absolu* ? — *relatif* ?
14. L'adjectif a-t-il par lui-même un genre, un nombre ?

Formation du féminin dans les adjectifs.

15. Comment se forme le féminin dans les adjectifs masculins terminés par un *e* muet ?

16. Comment se forme le féminin dans les adjectifs qui au masculin ne sont pas terminés par un *e* muet ?
17. Comment se forme le féminin des adjectifs en *el*, *eil*, *en*, *et*, *on*, *f*, *s*, *x* ?
18. Quel est le féminin de, *mauvais*, *niais*, *ras*, *tiers*, — *complet*, *concret*, *discret*, *secret*, *inquiet*, *replet*, — *doux*, *faux*, *préfix*, *roux* et *vieux* ?
19. Comment les adjectifs en *eur*, formés d'un participe présent, par le changement de *ant* en *eur*, font-ils au féminin ?
20. Quel est le féminin des adjectifs en *teur* ?
21. Comment forme-t-on le féminin des adjectifs en *érieur*, et de *majeur*, *mineur*, *meilleur* ?
22. Comment font au féminin *vengeur*, *pécheur* (qui fait des péchés), *bailleur* (de fonds), *demandeur* (en justice), *défendeur* (idem), *chasseur*, *ambassadeur*, *gouverneur*, *serviteur* ?
23. Que remarquez-vous sur les adjectifs en *eur* qui expriment un état principalement exercé par les hommes ?
24. Comment font au féminin *nul*, *gentil*, *sot*, *vieillot*, *paysan*, *beau*, *nouveau*, *mou*, *fou*, *blanc*, *franc*, *frais*, *sec*, *public*, *caduc*, *turc*, *grec*, *long*, *bénin*, *malin*, *favori*, *coi*, *témoin* ?
25. Quels sont les adjectifs qui ne s'emploient pas au féminin ?

Formation du pluriel dans les adjectifs.

26. Comment se forme le pluriel dans les adjectifs ?
27. Comment se forme le pluriel masculin des adjectifs terminés par *s*, *x* ?
28. Comment les adjectifs en *al* font-ils leur pluriel masculin ?
29. Quels sont les adjectifs en *al* qui ne s'emploient pas au pluriel masculin ?
30. Que remarquez-vous sur le pluriel des adjectifs en *ant* et en *ent* ?
31. L'adjectif qualificatif peut-il s'employer comme substantif ?
32. Le substantif peut-il s'employer comme adjectif ?
33. De quel mot est toujours précédé un adjectif employé substantivement ?

34. Un substantif employé adjectivement peut-il être accompagné de l'article ou d'un mot équivalent?

Des adjectifs déterminatifs.

35. Quelle est la fonction de l'adjectif déterminatif?
36. Quelle différence y a-t-il entre l'adjectif déterminatif et l'article ?
37. Combien y a-t-il de sortes d'adjectifs déterminatifs ?

Des adjectifs numéraux.

38. Quelle est la fonction des adjectifs *numéraux* ?
39. Combien y a-t-il de sortes d'adjectifs numéraux?
40. Qu'expriment les adjectifs numéraux *cardinaux*?
41. Que marquent les adjectifs numéraux *ordinaux* ?
42. Quels sont les adjectifs numéraux cardinaux? — numéraux ordinaux?

Des adjectifs démonstratifs.

43. Quelle est la fonction des adjectifs *démonstratifs*?
44. Quels sont ces adjectifs?
45. Que remarquez-vous sur l'adjectif *ce* et *cet*?

Des adjectifs possessifs.

46. Quel est l'office des adjectifs *possessifs* ?
47. Quels sont ces adjectifs ?
48. Que remarquez-vous sur les adjectifs *mon*, *ton*, *son* ?

Des adjectifs indéfinis.

49. Quelle est la fonction des adjectifs *indéfinis* ?
50. Quels sont ces adjectifs ?

CHAPITRE IV.

Du pronom.

1. Quelle est la fonction du pronom?
2. A quoi sert encore le pronom?
3. Qu'entend-on par *personnes* ?
4. Combien y a-t-il de personnes ?
5. Qu'est-ce que la première personne? — La seconde? — La troisième ?
6. Combien distingue-t-on de sortes de pronoms?

Des pronoms personnels.

7. Pourquoi les pronoms *personnels* sont-ils ainsi appelés ?
8. Quels sont les pronoms personnels de la première personne? — de la seconde personne ? — de la troisième personne ?
9. Que remarquez-vous sur *le, la, les*, pronoms personnels, et sur *le*, *la*, *les*, articles ?

Des pronoms démonstratifs.

10. Qu'appelle-t-on pronoms *démonstratifs* ?
11. Quels sont ces pronoms ?
12. Que remarquez-vous sur *ce*, pronom démonstratif, et sur *ce*, adjectif démonstratif ?

Des pronoms possessifs.

13. Qu'appelle-t-on pronoms *possessifs* ?
14. Quels sont ces pronoms ?

Des pronoms relatifs.

15. Qu'appelle-t-on pronoms *relatifs* ?
16. Quels sont ces pronoms ?
17. Qu'est-ce que l'*antécédent* du pronom relatif ?

Des pronoms indéfinis.

18. Qu'appelle-t-on pronoms *indéfinis* ?
19. Quels sont ces pronoms ?

CHAPITRE V.

Du verbe.

1. Qu'est-ce que le *verbe* ?
2 Combien y a-t-il réellement de verbes ?
3. Qu'appelle-t-on verbe *substantif* ? — verbes *adjectifs* ?

Du sujet.

4. Qu'est-ce que le *sujet* du verbe ?
5. Quelle question fait-on pour trouver le sujet du verbe ?

Du régime.

6. Qu'est-ce que le *régime* ?

7. Combien de sortes de régimes?
8. Qu'est-ce que le régime *direct*?
9. Quelle question fait-on pour connaître ce régime?
10. Qu'est-ce que le régime *indirect*?
11. Quelle question fait-on pour connaître ce régime?
12. Quels pronoms sont toujours régimes directs?
13. Quels sont ceux qui sont toujours régimes indirects?
14. Quels pronoms sont tantôt régimes directs, et tantôt régimes indirects?

Des différentes sortes de verbes adjectifs.

15. Combien distingue-t-on de sortes de verbes adjectifs?
16. Qu'est-ce que le verbe *actif*?
17. Comment le reconnaît-on mécaniquement?
18. Qu'est-ce que le verbe *passif*?
19. Comment forme-t-on ce verbe?
20. Qu'est-ce que le verbe *neutre*?
21. Comment le reconnaît-on mécaniquement?
22. Qu'est-ce que le verbe *pronominal*?
23. Qu'appelle-t-on verbes essentiellement *pronominaux*?
24. Qu'ont-ils de particulier?
25. Qu'est-ce que le verbe *impersonnel*?
26. Ce verbe n'a-t-il pas deux sortes de sujets?
27. Qu'est-ce que les *modifications* du verbe?

Des modifications du verbe.

28. Qu'entend-on par *modifications* du verbe?
29. Combien y en a-t-il de sortes?

Du nombre.

30. Qu'est-ce que le *nombre*?

De la personne.

31. Qu'est-ce que la *personne*?

Du mode.

32. Qu'est-ce que le *mode*?
33. Combien y en a-t-il?
34. Qu'est-ce que l'*indicatif*? — le *conditionnel*? — l'*impératif*? — le *subjonctif*? — l'*infinitif*?
35. Pourquoi l'*indicatif*, le *conditionnel*, l'*impératif*, et le *subjonctif*, sont-ils appelés *modes personnels*?
36. Pourquoi nomme-t-on l'*infinitif* mode *impersonnel*?

Du temps.

37. Qu'est-ce que le *temps* ?
38. Comment divise-t-on la durée ?
39. Pourquoi y a-t-il plusieurs sortes de passés et de futurs ?
40. Pourquoi le présent n'a-t-il qu'un temps ?
41. Combien y a-t-il en tout de temps pour les trois époques de la durée ?
42. Quels sont ces temps ?
43. Qu'exprime le *présent* ? — l'*imparfait* ? le *passé défini* ? le *passé indéfini* ? — le *passé antérieur* ? — le *plus-que-parfait* ? le *futur* ? le *futur antérieur* ?
44. Comment se divisent les temps des verbes ?
45. Qu'est-ce que les temps *simples* ?
46. Qu'est-ce que les temps *composés* ?
47. Quel est l'*auxiliaire* des verbes actifs ? — de la plupart des verbes neutres ? — de certains verbes impersonnels ?
48. Quel est l'auxiliaire des verbes passifs ? — du plus grand nombre des verbes impersonnels ? — des verbes pronominaux ?
49. Pourquoi, dans des verbes pronominaux, emploie-t-on le verbe *être* pour le verbe *avoir* ?
50. Comment se divisent encore les temps des verbes ?
51. Qu'est-ce que *conjuguer* un verbe ?
52. Combien y a-t-il de *conjugaisons* ?
53. Comment les distingue-t-on entre elles ?
54. Comment se termine l'infinitif présent de la première conjugaison ? — de la deuxième ? — de la troisième ? — de la quatrième ?

Observations sur les verbes de la première conjugaison.

55. Dans les verbes terminés en *ger*, que fait-on pour adoucir le son du *g* devant les voyelles *a*, *o* ?
56. Quels sont les verbes qui prennent tantôt deux *l* ou deux *t*, et tantôt une seule *l* ou un seul *t* ?
57. Dans quel cas ces verbes doublent-ils les consonnes *l* et *t* ?
58. Quels sont les verbes en *ler* et en *ter* qui ne doublent jamais *l* ni *t* ?
59. Quels sont les verbes qui prennent quelquefois deux *i* ?
60. A quels temps et à quelles personnes les deux *i* ont-ils lieu ?

61. Quels sont les verbes qui prennent quelquefois *yi*?

62. A quels temps et à quelles personnes met-on *yi*?

63. Emploie-t-on toujours l'*y* dans les verbes terminés au participe présent par *yant*?

64. A quels temps les verbes terminés par *éer*, prennent-ils deux *e* de suite?

Observations sur quelques verbes de la seconde conjugaison.

65. Combien le verbe *bénir* a-t-il de participes passés?

66. Le verbe *haïr* prend-il deux points sur l'*i* dans tous ses temps?

67. Les deux points sur l'*i* ont-ils lieu aux deux personnes plurielles du passé défini *nous haïmes*, *vous haïtes*, et à la troisième du singulier de l'imparfait du subjonctif *qu'il haït?*

68. Comment le verbe *fleurir*, employé au figuré, fait-il à l'imparfait de l'indicatif, et au participe présent?

Observation sur les verbes de la quatrième conjugaison.

69. Quand les verbes en *dre*, aux trois personnes du singulier du présent de l'indicatif, remplacent-ils les finales *ds*, *ds*, *d*, par *s*, *s*, *t*?

Verbes conjugués interrogativement.

70. Quels sont les temps qui ne s'emploient pas interrogativement?

71. Faites connaître les verbes qui ne s'emploient pas interrogativement à la première personne du singulier du présent de l'indicatif?

72. L'usage admet-il des exceptions?

73. Où se met le trait d'union quand le verbe, employé interrogativement, est à un temps simple? — à un temps composé?

74. De quelle lettre est précédé le sujet *il*, *elle*, *on*, quand le verbe finit par une voyelle?

75. Devant le pronom *je*, quel changement subit l'*e* muet qui termine le verbe?

76. Comment distingue-t-on si l'on doit écrire *aimé-je*? ou *aimai-je*?

77. Pourquoi n'est-il jamais permis d'écrire *eussai-je*, *puissai-je*, *dussai-je*?

De la formation des temps.

78. Qu'appelle-t-on temps *primitifs*?
79. Combien y en a-t-il?
80. Nommez-les?
81. Que nomme-t-on temps *dérivés*?
82. Quels temps forme le présent de l'infinitif? — le participe présent? — le participe passé? — le présent de l'indicatif? le passé défini?

Des verbes irréguliers et des verbes défectifs.

83. Qu'appelle-t-on verbes *irréguliers*?
84. Un verbe peut-il être irrégulier de deux manières?
85. Donnez un exemple de cette double irrégularité?
86. Dans quels temps existent les irrégularités?
87. Que nomme-t-on verbes *défectifs*?
88. Qu'arrive-t-il quand un temps primitif manque?

Observations sur l'ortographe des quatre conjugaisons.

89. Quelles sont les lettres finales des trois personnes singulières, pour tous les temps?
90. Quelles sont les trois exceptions?
91. Quelle est la lettre finale de la première personne plurielle de tous les verbes?
92. Par quelle lettre est terminée la deuxième personne plurielle de tous les verbes?
93. N'y a t-il pas une exception?
94. Comment se termine la troisième personne plurielle de tous les verbes?
95. Quelles sont les exceptions?
96. Quel signe prennent la première et la deuxième personne plurielle du *passé défini*, sur la voyelle qui précède la dernière syllabe?
97. Quelles lettres prend l'*imparfait du subjonctif*, dans toute son étendue, excepté à la troisième personne du singulier?
98. Que faut-il faire lorsqu'on doute entre le passé défini et l'imparfait du subjonctif?
99. A quelle personne la seconde personne singulière de l'impératif est-elle semblable?
100. Quelles sont les exceptions?

101. Quand la seconde personne du singulier de l'impératif, terminée par un *e* muet, prend-elle une *s* finale?

102. Quel est le verbe de la première conjugaison, qui, bien qu'il ne soit pas terminé par un *e* muet à la seconde personne du singulier de l'impératif, prend également une *s* devant *y* et *en*?

103. Quels sont les verbes qui prennent un *e* muet avant l'*r*, au futur simple et au conditionnel présent? — Y a-t-il dès exceptions?

Conjugaison des verbes passifs.

104. Comment se conjuguent les verbes passifs?

Conjugaison des verbes neutres.

105. Comment se conjuguent les verbes neutres dans leurs temps simples et dans leurs temps composés?

Conjugaison des verbes pronominaux.

106. Comment se conjuguent les verbes *pronominaux*, dans leurs temps simples et dans leurs temps composés?

Conjugaison du verbe impersonnel.

107. Comment se conjuguent les verbes *impersonnels?*

CHAPITRE VI.

Du participe.

1. Qu'est-ce que le participe?
2. Combien y a-t-il de sortes de participes?
3. Qu'est-ce que le participe présent?
4. Qu'est-ce que le participe passé?

CHAPITRE VII.

De l'adverbe.

1. Qu'est-ce que l'*adverbe*?
2. Pourquoi l'adverbe n'a-t-il pas de régime? — Y a-t-il des exceptions?
3. Quels sont les principaux adverbes?
4. Qu'appelle-t-on locution *adverbiale*?

CHAPITRE VIII.

De la préposition.

1. Qu'est-ce que la *préposition*?
2. Quel sens ont les prépositions par elles-mêmes ?
3. Qu'appelle-t-on *régime* de la préposition ?
4. Que forme la préposition avec son *régime* ?
5. Quelles sont les principales prépositions ?
6. Qu'appelle-t-on *locution* prépositive ?

CHAPITRE IX.

De la conjonction.

1. Qu'est-ce que la *conjonction* ?
2. Quelles sont les principales conjonctions ?
3. Qu'appelle-t-on *locution conjonctive* ?

CHAPITRE X.

De l'interjection.

1. Qu'est-ce que l'*interjection* ?
2. Quelles sont les principales interjections ?

CHAPITRE XI.

De l'orthographe.

1. Qu'est-ce que l'*orthographe* ?
2. Quels sont les *caractères orthographiques* ?
3. Quels sont les *signes orthographiques* ?

De l'emploi des lettres ou caractères.

4. Qu'est-ce qui indique presque toujours les consonnes finales des mots primitifs ?
5. Pourquoi les consonnes *c*, *d*, *g*, *l*, *m*, *n*, *p*, *r*, *s*, *t*, terminent-elles les mots *accroc*, *estomac*, *bord*, *bond*, *sang*, *rang*, *fusil*, *persil*, *faim*, *bon*, *musulman*, *brun*, *drap*, *champ*, *galop*, *berger*, *dispos*, *amas*, *diffus*, *sot*, *avocat*, *prompt*, etc. ?
6. Dans quelles syllabes les mots dérivés conservent-ils la même orthographe que leurs primitifs ?
7. A quels substantifs appartiennent les terminaisons *aie*, *ie*, *ue*, *eue*, *oie*, *oue*, *ée* ? — N'y a-t-il pas des exceptions ?

8. Quels mots termine *at* ? — *aire* ? — *ière* ? — *iaire* ? — Quelles sont les exceptions ?
9. Quels sont les substantifs terminés par *ait* ?
10. Comment s'écrivent tous les autres mots où la dérivation amène un *t* ?
11. Dans quels cas *er* termine-t-il les mots masculins ? — Quels sont les exceptions ?
12. Quels sont les substantifs masculins terminés par *is* ?
13. Dans quel cas a lieu *au* à la fin des substantifs ? — Quelles sont les exceptions ?
14. Quels mots termine *eau* ?
15. Comment se rend le son *in* au commencement d'un mot ? — Quelle est l'exception ?
16. Quels mots termine *eindre* ? — Quelles sont les exceptions ?
17. Au commencement de quels mots régnent *en* et *em* ? Quelles sont les exceptions ?
18. Dans quels cas emploie-t-on *en* dans le corps des mots ?
19. Quel est le verbe qui se termine par *andre* ?
20. Dans quels cas a lieu *an*, dans le corps des mots ? Quelles sont les exceptions ?
21. Quels sont les mots terminés par *ance* ? — Quelles sont les exceptions ?
22. Quels sont les mots terminés par *ence* ? — Quelles sont les exceptions ?
23. Quels sont les mots terminés par *anse* ?
24. Quels sont les mots terminés par *ense* ?
25. Quels sont les mots terminés par *ssion* ?
26. Quels sont les mots terminés par *xion* ?
27. Quels sont les mots terminés par *tion* ? — Quelles sont les exceptions ?
28. Quels sont les substantifs terminés par *ment* ?
29. Quels mots sont terminés par *eur* ? Quelles sont les exceptions ?
30. Quels verbes sont terminés par *ire* ?
31. Quels mots termine la finale *our* ? Quelles sont les exceptions ?
32. A la fin de quels mots règnent *itte*, *outte*, *utte* ?
33. Quelles lettres précède *j* ? Y a-t-il des exceptions ?
34. Quelles lettres précède *g* ? Quelles sont les exceptions ?

35. Au lieu de *n*, quelle lettre emploie-t-on devant *b*, *p*, *m*?
36. Qu'y a-t-il à remarquer sur les verbes en *quer*?
37. Qu'arrive-t-il hors de la conjugaison? — Y a-t-il des exceptions?
38. Qu'est-ce qui a lieu dans les dérivés formés d'un primitif terminé par une consonne?
39. Dans quels mots se doublent *b*, *d*, *g*?
40. Dans quels mots se doublent les autres consonnes? Quelles sont les exceptions?
41. Quels sont les verbes dans lesquels la consonne *r* se double au futur et au conditionnel présent?
42. Que fait-on au lieu de doubler la consonne *q*?
43. Dans quels cas ne double-t-on pas la consonne?

Emploi des majuscules.

44 Quels sont les différents cas où l'on emploie les majuscules ou grandes lettres?

De l'emploi des signes orthographiques.

Des accents.

45. Combien y a-t-il d'accents? — Quel en est le nom? — Quelle en est la forme?
46. Quel est l'usage de l'accent aigu? — de l'accent grave? — de l'accent circonflexe?

De l'apostrophe.

47. A quoi sert l'apostrophe?
48. Dans quels cas se suppriment *a*, *e*, *i*?

De la cédille.

49. Quel est l'emploi de la cédille?

Du tréma.

50. Quel est l'emploi du tréma?
51. Dans quel cas est fautif l'emploi du tréma?
52. L'*i*, surmonté d'un tréma, peut-il tenir lieu de l'*y*?

Du trait d'union.

53. A quoi sert le trait d'union? Quand l'emploie-t-on?

De la parenthèse.

54. Quel est l'emploi de la parenthèse?

16. Nous n'estimons rien plus qu'une grâce que nous demandons; nous n'estimons rien moins, dès que nous l'avons obtenus.

17. Tous les animaux et tous les végétaux qui ont existés, depuis la création du monde, ont tirés successivement de la surface du globe terrestre, la matière de leur corps, et lui ont rendus, à la mort, ce qu'ils en avaient empruntés.

18. Plusieurs des altérations que notre globe a souffert ont été produit par le mouvement des eaux.

19. Les hommes qui ont le plus vécus ne sont pas ceux qui ont comptés le plus d'années, mais ceux qui ont les mieux usés de celles que le

98. Quelle est l'ame basse que cette idée n
jamais échauffé, et qui ne s'est pas dite : Co
bien j'en ai déjà passés! Combien j'en puis e
core atteindre!

99. Une mère ne regrette point les soins
les peines que son enfant lui a coûté.

100. Les anciens se sont peu occupé de ph
sique expérimentale; cependant ils nous
conservés un grand nombre de faits, qui
contribués aux progrès que la science a
dans les temps modernes.

101. Cassius, naturellement fier et im
rieux, ne cherchait dans la perte de César
la vengeance de quelques injures qu'il en a
reçu.

102. Madame de Sévigné s'est rendu c

www.ingramcontent.com/pod-product-compliance
Ingram Content Group UK Ltd.
Pitfield, Milton Keynes, MK11 3LW, UK
UKHW020116200726
13856UKWH00002B/583

9 782013 372152